아니다 거기 있었다

아니다 거기 있었다
경복궁 선원전의 명멸, 그 200일의 기록

초판 1쇄 발행 2024년 10월 6일

지은이 김성연
펴낸이 장길수
펴낸곳 지식과감성#
출판등록 제2012-000081호

교정 김지원, 주경민
디자인 및 편집 지식과감성#
마케팅 김윤길, 정은혜

주소 서울시 금천구 벚꽃로298 대륭포스트타워6차 1212호
전화 070-4651-3730~4
팩스 070-4325-7006
이메일 ksbookup@naver.com
홈페이지 www.knsbookup.com

ISBN 979-11-392-2119-0(03910)
값 17,000원

• 이 책의 판권은 지은이에게 있습니다.
• 이 책 내용의 전부 또는 일부를 재사용하려면 반드시 지은이의 서면 동의를 받아야 합니다.
• 잘못된 책은 구입하신 곳에서 바꾸어 드립니다.

지식과감성#
홈페이지 바로가기

경복궁 선원전의 멸망, 그 200일의 기록

아니다 거기 있었다

김성연 지음

"선원전은 그런 곳이었다.
나라의 혼과 정기가 모여 있는 곳,
조선조 왕들의 역사와 그 얼이 서려 있는 곳."

지식과감정

간문

 통로가 좁았다. 교토(京都)의 집들은 입구가 좁고 안으로 길게 뻗은 구조가 많은데 이 집도 그랬다. 거실 문을 열고 들어서자 가느다란 햇빛을 따라 길게 이어지는 복도. 바깥에 벗어 놓은 신발을 들고 와야 했나? 아주 잠깐 망설이듯 하릴없는 생각을 하는 순간 문 하나가 보이고 곧이어 안쪽에 또 다른 정원이 펼쳐진다. 바깥 정원과는 정반대의 방향. 문을 열고 얕은 디딤돌을 딛자 곧이어 보이는 우거진 정원 속의 오래된 고메쿠라(米倉) 한 채.
 일본은 목조건물이 일반적인데 이 '고메쿠라'만은 사방의 벽을 흙으로 바르고 지붕까지 흙으로 덮는다. 그렇게 바른 흙 지붕 위에 다시 나무를 올리게 되는데 이것은 화재에도 살아남아야 하는 곡식을 보호하기 위해서다. 위에 나무는 타더라도 흙은 그대로 있어 사람의 목숨줄인 먹거리를 지키려는 것이다. 이 집에도 고메쿠라는 딱 그만큼의 용도와 위치를 안고 서 있었다.
 삐그덕 문이 열리고 태고의 어둠 같은 캄캄함이 밀려온다. 순간 시야가 흐려진다. 잠시 눈을 감았다 다시 뜨는 순간 가파른 계단이 보이고 저 위에서 무언가 번쩍이는 느낌. 순간 심장이 미치게 뛰기 시작했다. 도대체 뭐가 있다는 것이지?

한 걸음 한 걸음 지나온 시간을 밟듯, 오랜 허기 속에서 오히려 서둘러 먹지 못하고 꼭꼭 쌀알을 씹듯 계단을 오른다. 삐그덕삐그덕. 계단은 가파르고 얼굴 위로 거미줄 몇 줄이 달려든다. 그렇게 오른 계단 끝 거기. 두꺼운 천장 대들보에 거대한 나무판이 거꾸로 매달려 있다. 현판이었다.

가로 4m, 세로 2m는 족히 되어 보이는 그것의 검은색 바탕에는 황금색으로 세 개의 글자가 선명했다.

璿源殿(선원전).

그것이 거기 있었다.

목차

간문 ──────────────────────────── 4

1장 겨울, 야마구치에 조선관이 있었다

1 2016년 1월, 구루시마 다케히코의 평전 ──── 11
2 옮겨진 걸음, 야마구치로 가다 ──────── 17
3 테라우치 총독이 왜? 조선관은 또 뭐지? ──── 21
4 빈터, 그리고 테라우치 문고 ──────── 27

2장 봄, 다시 야마구치로

1 자료를 찾자, 조선관을 찾아 보자 ─────── 35
2 보였는데 사라졌다 ──────────── 42
3 진도 7의 지진이 왔다 ─────────── 55
4 자연재해? 그래 건설회사다! ──────── 61
5 100개의 회사, 천 번의 '모시모시' ────── 66
6 기적은 정말 기적처럼 왔다 ───────── 69

3장 여름, 드러낸 얼굴 선원전 현판

1 94세의 할머니 미짱 ──────────── 75
2 사비에루 공원 근처, 그 집 ───────── 79
3 창고 위, 거기 있었다 ────────── 84
4 다시 보고 싶다, 이어진 야마구치행 ───── 89

4장 가을에서 다시 겨울, 마지막 눈인사

1	그날 날씨가 너무 좋았다	97
2	현판을 숨겨라!	101
3	일상과 야마구치의 반복	106
4	테라우치를 알아보자	109

5장 선원전을 훔친 테라우치 마사타케

1	테라우치 마사타케, 그는 누구인가	113
2	조선총독부 초대 총독, 빌리켄 테라우치	133
3	1915년 조선 물산 공진회, 뜯기는 경복궁	142
4	조선의 정궁 경복궁, 그 역사의 아이러니	146
5	"뭐가 축하할 일이야" 테라우치 내각 출범	163

6장 선원전을 옮겨라

1	오쿠라의 자선당과 테라우치의 선원전	175
2	이름 없는 조선관, 숨기려고 했던 테라우치	183
3	왜 선원전이었을까?	191
4	기록 속의 선원전	201
5	65년 만에 찾은 이름, 경복궁 선원전	208

참고문헌 — 212

1장

겨울, 야마구치에 조선관이 있었다

1

2016년 1월, 구루시마 다케히코의 평전

"성연아, 하나다 교수님이 돌아가셨다."

아직 바깥은 조금 뿌연 느낌이고 아침은 이제 막 들어오려는 시간. 아, 꿈인가? 네? 무슨…? 잠결에 혀끝이 허방을 짚듯 허둥지둥 질문이 떨어지기 무섭게 단호한 선배의 한마디.

"다 같이 조문 가니까 검은색 옷 입고 학교 정문 앞에 집합해."

순간 느껴지는 이인감. 비현실적 감각. 무언가 공중으로 붕 뜨는 느낌이 들고 아주 찰나적으로 꿈인지 현실인지 구분이 흐릿해지는 어떤 차원의 섞임 같은 느낌. 예상치 못한 죽음, 아니 단 한 번 상상조차 못 했던 어떤 순간을 맞닥뜨리면 마치 어린 시절 얼음땡 놀이가 시작되는 것처럼 오감이 닫혀 버리는 기분이 든다. 그때가 그랬다.

눈물이 나는 것인지 안 나는 것인지 알 수도 없고, 심박수가 쿵쿵쿵 올랐지만 겨우 검은색 정장을 차려입고 학교 앞으로 도착하니 이미 십여 명의 학생들이 모여 두런두런 소리들이 퍼지고 있다.

새벽이라고? 아니, 아니. 어젯밤에 갑자기 심근경색이 와서. 그런데 새벽에? 그럼 즉시 치료가 안 된 거야? 아니, 병원에 갔다가 새벽 5시 넘어서. 조용히 속삭이는 소리들 속에서 떠오르는 단 하나의 장면. 이틀 전 2004년 5월 31일 후쿠오카(福岡) 롯폰마쓰(六本松)에 있던 대학원 정문 앞.

"성연아!" 누군가 부르는 소리에 뒤를 돌아보니 하나다 토시노리(花田俊典) 지도교수님이 반갑게 손짓을 하고 계신다.

"마침 잘 만났다. 너 주려고 책 가져왔다."

당시 석사를 마치고 막 박사 과정에 들어와 있던 나는 교수님이 주신 책 두 권을 손에 받아 들고 큰 소리로 "아리가토고자이마스!"라고 인사를 했다. 교수님은 웃으며 이내 차를 타고 떠나셨고 내 손에 남겨진 책 두 권엔 이렇게 쓰여 있었다. '久留島武彦(구루시마 다케히코) 추도집', '구루시마 다케히코 동화 활동 50주년 기념 동화집'. 수업을 마치고 학교를 나가시는 길에 우연히 나를 만나신 것 같은데 그날의 그 만남이 내게는 인생 전부를 바꾸는 계기가 되었고 교수님과의 마지막 만남이기도 했다. 그 만남 이후 정확히 이틀 뒤에 먼 곳으로 아주 멀리 가 버리신 것이다.

모두 버스에 올랐고 자택에 도착하니 기모노를 입은 교수님이 누워 계신다. 갑작스러운 고통에 마지막 인사도 없이 가신 교수님은 그러나 편안한 얼굴이다. 바다 건너 저 멀리 한국 땅에서 온 제자를 아무런 편견 없이 아껴 주신 분. 그리고 운명처럼 내 손에 숙제 하나를 남겨 주고 가신 분. 내 인생의 터닝 포인트 구루시마 다케히코와의 인연은 그렇게 시작됐다.

6월 5일 장례식을 마치고 그다음 주. 후쿠오카시 텐진(天神)에서 고속버스를 탔다. 행선지는 오이타현(大分県) 구스 마치(玖珠町)에 있는 구루시마 기념관. 며칠 동안 교수님이 주신 책을 넘겨 볼 생각도 못 하다가 갑자기 무슨 바람이 불었는지 주섬주섬 길을 나선 것이다. 왜일까? 왜 돌아가신 하나다 교수님은 구루시마 다케히코라는 아동문학가의 책을 남겨 주신 것일까. 그것도 가시기 며칠 전에 말이다. 그리고 만난 작은 기념관은 마을 입구에 빨간 도깨비가 서 있고 '동화의 마을'이라는 간판을 제외하곤 사실 기념관이라고도 할 수 없는 소박한 규모의 목조건물이었다.

마침 나와 있는 중년의 남자에게 사정을 말했다.

"저는 규슈대학 대학원생입니다. 얼마 전 교수님이…."

눈물이 났다. 교수님이 '돌아가셨다'는 말을 입으로 뱉으려는 순간 갑자기 비 오듯 눈물이 쏟아지는 것이다. 장례식장에서도 그렇게 울지는 않은 것 같은데 왜 그렇게 눈물이 났는지 모르겠다. 슬픔과 그리움은 몸 안에 켜켜이 채워지다 어느 순간 툭 건드리면 터지는 둑 같은 것인지, 그날의 내가 그랬다. 그리고 나와 구루시마 다케히코와의 인연은 그렇게 묘하고도 격한 눈물로 시작됐다.

그곳에서 만난 구루시마 다케히코의 책과 구연동화 녹음테이프들. 다만 안타깝게도 그것들은 뽀얗게 쌓인 먼지들을 털어 내지 못하고 그의 이름과 함께 깊이깊이 숨겨져 있을 뿐이었다.

나의 구루시마 다케히코 탐험은 그렇게 시작됐고 나는 기어코 일본 최고의 동화구연가이며 아동문학가인 그를 연구해 2008년 초 〈국경을 넘는 문학-조선 아동 문학의 생성과 일본 아동문학가들에 의한 구연동화 활동〉이라는 제목으로 박사 학위를 받았다. 그리고 감사하게도 이 논문은 그해 규슈대학의 우수 논문으로 선정돼 출판에까지 이르게 된다. 그리고 이어지는 또 하나의 놀라운 일. 그것은 여행 중 받은 한 통의 메일로부터 출발했다. 도쿄(東京)의 '일본청소년문화센터'라는 곳에서 온 메일엔 "귀하의 박사 논문의 연구 공적을 높게 평가해 구루시마 다케히코 문화상을 수여하고자 합니다"라는 구절이 적혀 있었다. 또 최초의 외국인 수상자이고 최연소 수상자이니 7월의 도쿄 수상식에 꼭 참여해 달라는 내용이었다.

그렇게 구루시마 다케히코와의 알 수 없는 운명이 시작되더니 이후 서일본 신문 문화면에 '구루시마 다케히코와 조선-구연동화 문화로 가교가 되어'라는 글이 실리고 그 글을 본 오이타현의 구스 마을 한 관계자가 전화를 걸어 왔다. 내가 처음 하나다 교수님의 말씀을 따라 방문했던 구루시마 다케히코의 고향 바로 그곳에서 이번엔 역으로 나를 찾는 전화가 온 것이다. 그곳의 아키요시 타미코(秋好民子) 씨는 수십 년간 구연동화 활동을 해 온 사람으로 구루시마의 고향인 구스 마을이 '동화의 마을'이라는 이름에 걸맞게 제대로 된 조사와 연구 활동이 이루어지길 학수고대하던 사람이었다. 그리고 이어진 구루시마 다케히코 50주기 기념 특별 강연. 그 강연을 시작으로 마을 사람들에게 구루시마를 알리는 일종의 교육용 강연을 몇 년간 진행하고 마을 내 초중고등학교를 시작으로 요청이 오는 곳이면 어디든지 달려가 강연했다. 그리고 얼마 뒤 강연을 들은 지역 주민들이 구루시마 다케히코 기념관 설립을 위한 서명운동을 시작한다. 주민들의 이런 적극적 움직임은 실제로 기념관 설립을 위한 준비 작업을 열게 했고 2012년 나는 군청 내에 신설된 '구루시마 다케히코 연구소'의 소장으로 기념관 건립 전반을 책임지고 움직이게 된다.

물론 쉽지는 않았다. 특히 군청 내는 물론 지역 주변에도 한국사람은 오로지 나 하나였고 무엇보다 보수적인 지방자치단체를 상대로 일을 하는 것은 정말 많은 어려움이 있었다. 당장 예산도 부족해 개관일이 실제 2년이 늦춰지기도 했고, 무엇보다 열심히 관심을 나누던 일부를 제외하고는 현지 주민들 역시 구루시마에 대한 이해가 매우 낮은 형편이었다. 그래도 한 걸음 한 걸음 구루시마 다케히코의 기념관이 몇 년에 걸쳐 만들어지고 그 와중에 더 많은 구루시마의 자료들을 찾아 헤매면서 드디어 나는 구루시마 다케히코의 평전을 계획하게 되었다. 86년에 이르는 구루시마의 인생을 더 온전히 파악할 필요가 있었고 그것을 문장으로 하나하나 만들어 가면서 한 권의 책으로도 엮어야겠다는 생각이 들었기 때문이다.

'구루시마 다케히코 이야기'. 이 평전 작업을 계획하면서 그가 디뎠던 수많은 곳, 그의 목소리가 있는 곳을 샅샅이 찾기 시작했는데 그때 야마구치를 발견했다.

평소 인물 작업을 할 때 사용하는 나만의 방식이 있는데 주인공의 인생에 전환점이 된 시점, 특별한 사람과의 만남 등을 하나의 '사건'으로 전제하고 그것을 중심으로 연표를 만드는 것이다. 마치 오랜 세월을 견딘 나무의 기둥에 특정한 사건이 정직하게 하나의 매듭으로 흔적을 남기는 것처럼 그렇게 각각의 사건들을 구획 지어 가며 연표를 만드는 것이다.

야마구치의 구루시마도 그렇게 발견되었다.

그날은 2016년 봄. 1929년 6월 26일 자《보초신문(防長新聞)》에 구루시마 다케히코가 야마구치 사범학교에서 구연동화 활동을 한 기사가 실린 것을 보고 그것을 조사하기 위해서였다. '보초(防長)'라는 단어는 현재의 '야마구치현'을 뜻하는 옛 지명이다. 당시의《보초신문》기사에 의하면 야마구치에서의 구루시마의 구연동화 활동은 학생들뿐 아니라 교직원은 물론 현청, 학무과, 사회 교육과, 시내 각 단체에서도 많은 참가자가 있어서 큰 반향을 일으켰다고 한다. 물론 당시의 야마구치 사범학교는 사라진 지 오래고 그 자리에는 현재 야마구치 시청이 들어와 있다. 그래도 현지의 도서관이나 시청에 가면 당시의 필(筆) 기록과 같은 관련 자료가 남아 있는 경우가 종종 있기에 야마구치를 찾은 것이었다.

자, 일단 같이 가 보자.

2

옮겨진 걸음, 야마구치로 가다

 일본의 집은 참 춥다. 온돌식 난방과 보일러가 일반화되어 있는 한국인들은 잘 모르겠지만 한겨울 방 안의 공기 자체가 차갑다는 것은 온몸의 근육을 긴장시키는 일이다. 추운 바깥을 떠돌다 집으로 돌아왔는데 여전히 잔잔한 입김이 흘러나온다는 것은 가끔 이상한 서글픔을 안길 때가 있다. 그럴 땐 훌쩍, 콧물인지 눈물인지 알 수 없는 무언가에 다시 또 조금은 센치해지기도 한다. 그중 제일 힘든 시간은 잠자리에 들었을 때다. 분명 이불을 덮었는데 발이 시리다. 결국 한국에서 가져온 수면 양말을 두 겹 세 겹 신고 이번엔 시린 코끝을 위해 이불을 머리끝까지 덮는다. 그리고 마지막 물주머니 유탄포. 마치 어린 시절 애착 인형을 끌어안듯이 이 유탄포라는 따뜻한 물주머니를 가슴 가득 안고 드디어 잠자리에 든다. 아, 이제 겨우 잠이 온다.
 물론 한국의 추위도 만만치 않은데 일본의 추위는 뼈가 시릴 만큼의 바람이 불고 눈이 온다. 그 덕분에 여전히 히터가 필수품이고 특별히 '이불 건조기'라고 하는 가전제품이 사용된다. 이건 마치 커다란 드라이어 같은 것인데 잠들기 전 이불 안을 따뜻이 하기 위해 이불을 데운 바람으로 미리 덥혀 놓는 것이다. 물론 그래도 곧 차가워지는 것은 어쩔 수 없는 현실이다.

유후인에서의 내 방은 월 7만 엔 정도의 방 2개에 작은 거실과 주방이 딸린 이층집의 한 층이었는데 안타깝게도 유리창이 한 겹이었다. 특히 일본의 다른 집들이 그렇듯이 베란다에 새시도 없다. 그러니 들어오는 바람을 단 한 겹의 창에 의지해 막을 수밖에. 실제로 규슈 지방은 한국인들에게 따뜻한 곳의 이미지가 있지만 생각보다 훨씬 춥다.

무엇보다 내가 사는 유후인은 규슈의 알프스라는 소리를 들을 만큼 눈이 많이 왔는데 해발 450m의 분지 마을이어서 그런지 겨울엔 춥고 여름엔 유난히 더웠다. 그럼에도 좋은 점은 조금만 차를 타고 나가도 넓은 고원을 만날 수 있다는 것이다. 그리고 승마, 생각보다 저렴한 가격에 승마를 배우고 즐길 수 있어 5년 정도의 유후인 생활에서 승마 자격증을 딸 만큼 제법 좋은 경험을 했다. 또 하나 좋은 점은 온천 지대라는 것. 유후인에서 30분 정도 거리엔 그 유명한 벳푸 온천이 있다. 특히 온천수의 성분이 공기와 만나면서 다양한 색을 만든다고 하여 '지옥 온천'으로 불리기도 한다. 이때 철분 성분이 많은 온천수는 붉은색을 띤다고 하여 '피 지옥', 유황 성분의 온천수는 푸른 바닷빛을 보인다고 하여 '바다 지옥'이라는 이름으로 불릴 만큼 명성이 높다.

어쨌든 다시 2016년 겨울로 가자.

그 추위 속에서 구루시마 다케히코 평전을 위해 이리저리 자료를 찾던 1월을 지나 2월 2일. 무슨 바람이 불었는지 갑자기 야마구치로 차를 달렸다. 장소는 야마구치 현립도서관. 앞서 말했듯이 야마구치는 구루시마가 당시 사범학교 학생들과 교직원들을 상대로 구연 활동을 펼쳐 사회적으로 큰 반향을 일으켰던 곳으로 그나름 상당한 자료가 있을 것이라는 기대가 있었다. 먼저 검색어는 '구루시마 다케히코' 그리고 '사범학교'. 그런데 석박사 과정에서의 조사 습관 때문인지 내 손가락은 다음 단어를 이렇게 치고 있었다. '조선'.

안타깝게도 자료는 많지 않았다. 늘 이용하던 후쿠오카 현립도서관이나 오이타 현립도서관에는 '조선' 관련 도서 및 자료가 각각 9,800여 건, 6,500여 건이나 있었는데 이곳 야마구치 도서관에서 찾아진 것은 겨우 2,500여 건 정도였다. 순간 조금 실망스럽기도 하고 이전에 봤던 자료들이 대부분이겠거니 생각하는데 눈길을 사로잡는 한 가지가 있었다. 총독부. 어? 뭐지? 다른 곳에선 잘 보이지 않던 '조선총독부' 자료가 유난히 많은 것이다. 특정 키워드 '조선총독부' 자료가 이곳엔 114건이나 검색됐다. 이전에 다른 도서관에서 '조선'을 검색할 때 올라오던 20여 건 정도에 비하면 5배나 많은 수치. 뭘까? 사실 논문과 구루시마 평전을 준비하며 간혹 조선총독부 시대의 자료가 필요해 가끔 찾아보기는 했지만 그때마다 대부분 도쿄의 국립 국회도서관에 의뢰해 복사 자료나 얻던 나로서는 조금 놀라지 않을 수 없었다.

특히 이 야마구치 현립도서관에 소장되어 있는 조선총독부 자료는 놀라움을 자아내는 귀중 자료가 많았다. 《조선총독부 통계

연보》,《통계 요람》, 거기다 예전에 논문 쓸 때 도쿄 국회도서관에서 겨우 얻은 《조선고족도보》까지 다양한 자료들이 여러 권 소장돼 있었다. 그런데 이렇게 총독부 관련 도서와 자료들을 살펴보다 보니 반복되어 나오는 이름이 하나 있었다.

'테라우치 마사타케(寺內正毅).'

계속해서 나오는 이 테라우치 마사타케라는 이름은 이 야마구치 현립도서관에서 무려 22건의 도서 자료로 찾아졌는데 우리가 알고 있는 그 일제 강점기 초대 조선 총독 바로 그 테라우치였다. 식민지 조선의 초대 총독으로 무단통치의 시작을 알리며 각종 억압 통치를 자행한 사람, 천만 영화 '암살'에서 주인공들의 저격 대상이 되었던 사람, 내가 테라우치에 대해 아는 것은 딱 거기까지였다. 그런데 이곳 야마구치에 그의 자료들이 유난히 많은 것이다. 왜? 그가 바로 이곳, 야마구치 출신이었던 것이다.

3

테라우치 총독이 왜? 조선관은 또 뭐지?

 야마구치 도서관에서 접한 이름, 테라우치 마사타케. 동화구연가이고 아동문학가인 구루시마 다케히코를 찾다가 닿은 이름 테라우치 마사타케. 그러고 보니 구루시마가 신문기자 시절에 육군대신을 인터뷰한 글을 읽은 적이 있는데 그가 바로 테라우치가 아니었을까 싶다. 조선총독부의 초대 총독이었던 테라우치는 마침 10년간 육군대신을 역임한 적이 있기도 했다. 테라우치 총독이 야마구치 출신이었다는 사실을 알게 된 나는 조선 관련으로 뜨는 책을 몇 권 빌렸다. 그리곤 목차를 눈으로 훑으며 빠른 속도로 페이지를 넘기기 시작했다. 입으로는 육군대신, 테라우치, 테라우치…를 읊조리며 여러 권의 책들을 살펴보고 있었는데 눈에 띄는 한 권의 책이 있었다.
 《보초 쇼부칸의 테라우치 마사타케·히사이치 관계 자료(防長尚武館の寺内正毅·寿一関係資料)》. 그저 무심히 집어 든 책이었는데 순간 뒤표지에 눈길이 갔다.
 한 전통가옥 앞에서 계급이 높아 보이는 군인 한 명을 중심으로

450여 명의 어린이와 16여 명의 어른이 모여서 찍은 단체 사진이 었는데 계급이 높아 보이는 군인 뒤로 커다란 일장기가 교차되어 세워져 있었다. 사진의 아랫부분에는 '조선관 앞에서 미야노(宮野) 지역 사람들과 찍은 집합 사진'이라는 제목이 달려 있었고 비고란에는 사진에 보이는 입간판에 적힌 대로 건축물에 대한 간단한 설명글이 적혀 있었다.

"이 건물은 현 조선총독부 청사를 신축할 때 경복궁의 일부가 철거됨에 테라우치 원수가 이를 양도받아 □□(해독 불가) 이건한 것으로 비현각이라고 왕세자가 공부할 때 사용하던 건물이라고 전해진다."

사진 1 조선관《防長尚武館の寺内正毅·寿一関係資料》

사진이 언제 촬영된 것인지 등의 상세 정보는 없었고 중앙에 선 군인은 테라우치의 장남인 히사이치(寿一)로, 다른 자료들에 의하면 그는 아버지와 같이 육군의 주요 요직을 역임했고 부자가 2대에 걸쳐 군인의 가장 높은 계급인 원수(元帥)라는 칭호를 받았다고 한다.

그런데 잠깐. 그러니까 지금 조선총독부 초대 총독인 테라우치의 아들이 아버지가 조선에서 가져온 조선 건물 앞에서 사진을 찍었다 그 말인가? 이게 무슨 말이지? 순간 정신이 아뜩해지는 느낌. 머리를 흔들고 눈을 비비며 다시 또박또박 읽었다.

'경복궁의 일부, 철거, 이건(移建), 비현각'.

다시 말해 내가 고등학교 때 텔레비전 뉴스로 봤던 그 펑 하고 부서지던 바로 그 조선총독부 청사가 처음 지어지던 시기에 경복궁 일부가 철거되었는데, 그때 테라우치가 일부를 양도받아 이 야마구치의 미야노 지역으로 옮겨 왔다는 것이다. 그리고 그 건물은 조선의 왕세자가 공부할 때 사용하던 비현각이라는 것. 이게 가능한 일인가? 마음속으로 온갖 소리가 수선스럽게 퍼지기 시작했다. 그리고 기어코 입 밖으로 터져 나오는 소리. 정말? 바로 스마트폰으로 인터넷 검색을 해 보았지만 어떤 정보도 얻을 수 없었다. 쿵, 쿵, 심장인지 머리인지 몸속의 모든 호흡이 무섭게 빨라진다. 그리고 무언가 다른 진공의 세상으로 들어가는 듯한 주변의 공기. 가끔 전혀 예상치 못한 장면을 만나거나 어떤 꿈 같은 사실을 접했을 때 머리가 쭈뼛거리는데 이상하게 주위는 고요히 침잠하는 느낌을 가질 때가 있다. 그날이 그랬다.

다시 사진을 들여다보았다. 그러나 사진 속 오른쪽 상단 아이들 사이로 입간판은 보이지만 거기에 적힌 글자는 너무 작아서 읽을 수가 없었다. 이걸 어떻게 판독했을까? 실물 사진을 봐야겠다고 생각했다. 다행히 사진 정보에 의하면 이 사진은 육상 자위대 제17 보통과 연대 등이 소속되어 있는 야마구치 주둔지 내 자료관인, 보초 쇼부칸(防長尚武館)에 소장돼 있는 자료 189번(21.7×27.5)이라고 적혀 있었다. 자리에서 벌떡 일어나 관련 부분을 복사하고 카운터에서 쇼부칸의 위치를 물어본 뒤 도서관을 뛰쳐나왔다.

자위대는 그리 멀지 않은 곳에 있었다. 다만 일본 자위대 안으로 들어가는 건 처음이라 살짝 손에 땀이 차는 것을 보니 조금은 긴장이 되었던 것 같다. 어떻게 왔냐는 초소 앞 자위대원에게 몇 가지 정보를 말하고 이름과 주소를 쓰고 드디어 안으로. 안내를 받아 자료관 깊숙이 들어갔다. 자료는 어렵지 않게 찾을 수 있었다. 역시 기록의 민족 일본답게 그곳에는 테라우치와 히사이치 관련 자료가 233건, 333점(이 중 테라우치 가족이 기증한 것이 322점), 그 외 참고 자료가 5점 소장되어 있었는데 생각보다 빠르게 열람할 수 있었다. 그리고 그 사진. 조선의 왕세자가 공부하던 방이라는 '비현각' 사진을 제대로 다시 보게 되었다.

당시 사람들에 의해 '조선관'이라 불린 이 건물과 사진 속 아이들의 얼굴 그리고 가로지른 일본의 일장기. 건물만 보면 조선 땅인지 일본 땅인지 도대체 구분이 되지 않는 매우 기이한 사진. 사진 속 사람들은 그 조선관 앞에서 조금의 어색함도 없이 늘 그곳에 그것이 있었던 것처럼 즐겁고 편안한 표정이다. 오로지 놀랍도록 어색한 사람은 100여 년의 시간을 건너 사진 밖에 서 있는 조선 사람, 아니 한국 사람인 나 하나뿐이다.

지금도 그 순간이 꿈처럼 기억난다. 처음 도서관에서 사진을 발견했을 때는 너무 놀라고 믿어지지 않아 두 눈을 비비며 확인하고 또 확인하려 했는데 자위대 부대 안에서 재삼 이 사진을 확인했을 때는 놀라움이 아닌 이상한 비애감이 들었다. 그리고 나도 모르게 어떤 역사의 비밀 속으로 타임머신을 타는 느낌. 그것은 더 이상 가슴 떨림이 아닌 묘하게도 비장한 각오 같은 것을 만들었다. 사실 초등학교부터 고등학교까지 12년간 우리가 받은 역사 교육의 어디에서도 얘기되지 않았고, 누구도 알 수 없는 은밀한 비밀 속으로 들어가는 느낌이다 보니 더더욱 그런 생각이 들었던 것 같다.

풀어진 동공의 놀라움이 아닌 두 손 가득 힘이 들어가는 느낌. 그날 자위대 부대를 나오며 내 가슴속엔 그 불끈 쥐어지는 두 손이 깊이 새겨졌다.

자 그럼, 그곳에서 얻은 정보들을 다시 한번 정리해 보자.

야마구치시 미야노에는 초대 조선 총독 테라우치 마사타케의 생가가 있었다고 한다. 후에 테라우치의 집은 가나가와현(神奈川縣)으로 옮겼지만 미야노의 이 고향집은 잘 보존돼 있었는데 놀랍게도 부지 안에는 경성에서 경복궁의 궁궐 일부를 옮겨온 '조선관'이라고 불린 건물이 있었다. 그리고 테라우치가 죽은 뒤 그의 유언에 따라 장남인 히사이치가 조선관 옆에 '오우호 테라우치 문고'라는 도서관을 세우게 되는데 이 '오우호(桜圃)'는 그 지역 이름을 따 테라우치가 스스로 붙인 아호다. 테라우치 문고. 작은 사설 도서관이 그렇게 만들어졌고 아직도 그 자리에 그대로 남아 있다고 한다.

그래 가 보자. 자위대를 나온 나는 홀리듯 테라우치 문고를 향해 차를 타고 달렸다.

4

빈터, 그리고 테라우치 문고

사실 문고를 찾아가기 전 '조선관'이라고 불린 그 건물이 이미 사라졌다는 기록을 읽었다. 자위대 안에서도 그것에 대해 아는 사람은 단 한 명도 없었다. 그런데도 무작정 테라우치 문고를 찾아가면서 나는 이상한 소망을 품었다. 혹시 아직 있지 않을까? 부대 사람들이나 주변인들은 모르게 살짝 숨겨져 있는 것은 아닐까? 아니 작게 축소돼 풀 속에 가려져 있어 관심 없는 이들이 모르는 것은 아닐까? 생각하면 터무니없는 망상이었지만 그 순간엔 그렇게 망상과 소망이 뒤섞인 상태에서 허방을 디디듯 두 발이 둥둥 뜨는 느낌으로 현장을 향해 출발했다.

거리는 멀지 않았다. 그런데 안내 간판이라는 것이 아예 없었다. 차를 주차해 놓고 걷기 시작했다. 여기가 맞나? 혼잣말로 중얼중얼하며 주변을 스쳐 가는 이들을 붙잡고 묻기 시작했다. 자위대에 그렇게 자료가 빼곡히 보관돼 있을 정도면 분명 마을 사람들도 어느 정도는 알 만한데 이상하게 이정표도 안내판도 아무것도 보이질 않는다.

"스미마센, 테라우치 분코가 도코니 아루카 시리마센카?"

자전거를 끌고 가는 대학생에게 테라우치 문고를 아느냐 묻자 요즘 젊은이 특유의 표정이 나오며 "와카리마센" 하고 만다. 이번엔 지나가는 할머니와 할아버지를 붙들어 본다. 좀 더 정중히 테라우치 문고가 어디 있는지 아느냐 묻자 고개를 갸웃 모른다며 오히려 미안해하는 표정을 주신다.

아니 이게 뭐지? 여기가 맞나? 분명히 주소를 제대로 들고나온 것 같은데 신기루 속에 들어온 것처럼 흔적조차 찾을 수가 없다. 꽤 여러 명을 붙들고 같은 질문을 던져도 여전히 답은 나오지 않는다. 무언가 잘못됐나 싶어 주소를 한 번 더 들여다보다 조금 넓은 도로로 나가 보기로 했다. 그렇게 도로를 따라 걷다 뛰다 다시, 걷다 뛰다를 몇 차례 거듭하니 오른편에 작은 버스 정류장이 보였다. 다리가 너무 아팠다. 일단 저기에 가서 앉기라도 해 볼까 파란색 벤치에 시선이 갔다. 그리고 그 순간, 헉. 숨이 멈췄다. 저기에 무언가가 있었다. 버스 정류장 뒤편에 무언가가 보였다. 저게 뭐지? 주변과 어울리지 않게 삐죽 솟아 있는 건물, 철근 콘크리트로 지어진 2층 건물이었다. 정류장 뒤편으로 숨겨진 듯 아닌 듯 세월의 바람을 안고 서 있는 낡은 2층 건물, '오우호 테라우치 문고'였다.

인터넷으로 찾아봤을 땐 그래도 제법 모양새나 색깔이 나쁘지 않았는데 가까이서 바라본 테라우치 문고는 100여 년 세월을 고스란히 담고 있는 데다 관리가 되지 않았는지 조금은 흉물스러운 느낌마저 들었다. 서둘러 '미야노역 앞'이라고 쓰인 버스 정류장을 지나 안으로 들어갔다. 다만 출입 금지 표시가 있어 건물 내부까지 들어가는 것은 어려웠지만 울타리가 쳐진 건물 마당 터까지는 진입할 수 있었다.

들어가자마자 커다란 기념비가 보인다. 기념비에는 칸인노미야(閑院宮)라는 황족이 지성보국(至誠報國)이라고 쓴 친필 글이 새겨져 있었는데 1966년 2월에 세워진 것이었다. 그토록 찾기 힘들게 숨겨진 듯 웅크리고 있던 100년 전의 콘크리트 건물은 은둔의 세월을 이 기념비 하나로 달래려는 듯 조금은 낡은 시간 속에서도 자랑스럽게 기념비만은 깨끗하게 보존된 상태였다.

그런데 '조선관'은 어디 있을까? 아니, 어디 있었을까? 이 건물을 찾아오며 무수히 마음속으로 그려 보던 100년 전의 그 조선의 전각, 우리의 궁궐 중 하나…. 그것은 어디에 있었을까. 콘크리트 건물을 두 눈으로 천천히 훑어보다 왼쪽으로 몇 발을 떼니 놀라운 광경이 펼쳐진다. 너르고 편평한 공터다. 테라우치 문고 그 콘크리트 건물을 정면으로 볼 때는 전혀 상상하지 못한 커다란 빈터가 보인다. 족히 100평은 넘을 공간에 드문드문 이끼들이 계절을 잊고 푸른 땅을 만들고 있고 그 위에 꽤 수려한 나무들이 수문장처럼 빙 둘러 서 있다. 그리고 이제는 없는 조선관. 자료 조사 후 뒤에 알게 됐지만 사진 속의 '조선관'은 일본 패전 이후 혼란기를 겪으며 사라졌다고 한다. 기록상으로는 1952년 3월 전이라고 하는데 정확한 시기는 모르는 상태다.

그저 넓디넓은 '터' 하나만으로 남아 있는 숨겨진 역사. 그런데도 비어 버린 그 자리에 서는 순간 바로 알 수 있었다. 거기에 그

것이 있었음을. 누군가의 말에 따르면, 알면 보이고, 보이면 느끼며, 그때의 느낌은 이전과 다를 것이라 했는데 바로 그 순간이 그랬다. 아무것도 모르는 상황이었다면 그저 낡은 건물 옆에 왜 이렇게 텅 빈 땅이 있지? 하고 무심한 질문으로 그쳤을지 모른다. 그러나 그곳에 우리의 역사 한 자락이 자리했었다는 사실을 알게 된 순간 그 느낌은 결코 무감함 속에 갇힐 수 없었다.

나는 공터에 서서 잠시 눈을 감아 봤다. 그리고 상상했다. 사진 속 그 조선관의 곧게 뻗은 처마가 기와의 날렵함을 받아 내고 넓게 짜인 나무 마루를 올라 몇 칸쯤의 어느 방으로 바람이 들고…. 촘촘히도 하얀 한지가 호젓하게 채워진 문이 열리고 닫히고 다시 열리고 닫히고…. 그렇게 시간이 흐르고 흐르던 어느 날, 오늘같이 봄을 숨긴 겨울날의 햇빛이 비치고….

그러고 보니 조선관은 여기에 우두커니 서서 고향을 그리워했겠구나. 감은 눈으로 이리저리 객쩍은 생각을 하다 퍼뜩 눈을 떴다. 다시 빈 곳.

공터의 양 끝에는 언제 만들어진 것인지 알 수 없는 벤치가 두 개 있었다. 갑자기 정신이 들어 혹시라도 무슨 흔적을 찾을 수 있지 않을까싶어 구석구석 잡초 속을 헤집어 보았다. 어디 안내 표지판이나 기념비가 있을지도 모른다 싶어 넓은 터를 걷고 뒤지고 들쳐 보고 그렇게 한 시간쯤을 머물렀을까, 그러나 아무것도 보이지 않았다. 분명 여기가 맞는데, 분명 사진 속의 장소가 여기가 맞는데, 분명히 이곳에 있었는데 도대체 무슨 조화로 있던 것이 사라졌을까. 그리고 드는 생각, 나는 무엇을 찾아 여기까지 왔지? 이미 사라졌다는 것을 알았잖아? 속으로 자문자답을 하다 문득 왼쪽 끝에서 오른쪽 끝까지 조심조심 걸어 보았다. 가로로 스물일곱 걸음, 세로로 스물한 걸음. 무심히 숫자를 세다 갑자기 소스라치게 깨달음이 왔다. 이 낯선 땅에 조선 왕조의 궁궐 건물 중 일부가 통째로 와 있었다는 것 아닌가? 그런데 우리는 왜 몰랐지? 생각이 거기에 이르자 갑자기 온몸에 소름이 돋았다. 왜인지 모르지만 어떤 전율 같은 것이 느껴지는 것이었다.

그날 나는 그곳에 한참을 서 있다 돌아왔다.

사진 2 2016년 조선관의 빈터에서

2장

봄, 다시 야마구치로

1

자료를 찾자, 조선관을 찾아 보자

3월이 왔다. 그 춥던 유후인에도 봄이 들어오기 시작했다. 그러나 내 마음은 온통 아직은 무언가를 꽁꽁 싸매고 차가운 긴장 속에 앉아 있는 느낌이다. 2월 야마구치에서 테라우치 총독과 조선관을 만나고 난 후 마음이 좀처럼 안정이 되지 않는다. 마치 한바탕 꿈을 꾼 것 같기도 하고 무슨 이상한 나라의 토끼굴 속에 빠졌다 나온 기이한 느낌이 들기도 하고…. 그렇게 늦겨울의 상념 하나 즐기지 못하고 나는 안절부절 엘리스가 되었다. 이럴 때 방법은 하나, 직접 찾아 보는 것이다. 내 불안의 원인은 무엇이고, 채워지지 않는 갈증의 원인은 무엇인지, 무엇이 이렇게 나를 풀리지 않는 수수께끼 속으로 밀어 넣는지 찾아 보는 것이다.

우선 첫걸음은 늘 하던 대로 도서관이다. 이왕이면 꿈이 아닌 현실이라는 실체감을 붙들기 위해서라도 집 근처가 아닌 야마구치 도서관으로 향했다. 물론 자료 역시 야마구치에 훨씬 많기도 했다. 그렇게 몇 날 며칠을 온갖 자료를 찾고 읽고, 찾은 자료를 꼬리 삼아 다시 다음 자료로 넘어가고…. 3월은 내내 그렇게 야마구치 도서관에서 살았던 것 같다. 주제는 오로지 하나, 테라우치와 조선관이었다. 그런데 사람의 심리라는 것이 매우 이상한 부분이 있다. 분명한 사실로, 두 눈으로 확인한 것인데도 조금만 힘들면 다시금 의심이 올라오는 것이다. 특히 신빙성이 낮은 어떤 자료를 접했을 때는 대뜸 이런 생각부터 든다. '아, 내가 지금 뭐 하고 있지? 그냥 비슷한 기와지붕의 건물 하나인데 이게 조선에서 온 것이 정말 맞아? 착각하는 것 아닐까?' 그럴 때면 처음 봤던, 아이들이 가득하던 그 조선관 사진을 다시 뚫어지게 쳐다보는 것이다. 그리곤 속으로 말한다. '아니야. 이것은 사실이야.'

그렇게 스스로를 다독이며 정보를 찾고 엘리스의 토끼굴을 뒤지고 또 뒤지는 사이 드디어 조금씩 실체가 보이기 시작했다.

먼저 위에서 살펴본 테라우치 문고의 자세한 내막이다.

테라우치는 1919년 11월 3일에 사망했다. 그런데 같은 해 10월 22일 《도쿄 아사히신문》 조간에 다음과 같은 기사가 실렸다.

> "야마구치 미야노 마을 사쿠라 바타케에 있는 테라우치 댁은 테라우치 백작이 7살 때 양자로 들어간 테라우치 칸에몬의 집에 객실을 조금 덧붙인 것에 지나지 않는다. 조선 총독 시절에 손에 넣은 경복궁의 일부를 가지고 돌아와 집 옆에 건설하고 장래에는 도서관으로 하려고 '테라우치 문고'라는 이름까지 지어 놓았다고 한다."

이 신문 기록에 의하면 조선관은 분명 테라우치에 의해 경복궁에서 가져온 것이 맞는 것이다. 1919년의 기록, 조선총독부 초대 총독을 마치고 다시 일본으로 돌아와 그가 사망하기 약 한 달 전의 기사다. 그 외도 테라우치 문고에 대한 기록은 곳곳에서 발견되는데 테라우치가 죽기 전에 남긴 문서가 하나 있다.

'1919년 모월 모일 창립자 테라우치 마사타케'라고 쓴 '오우호(桜圃) 문고 창설 취지'가 그것인데 오우호와 문고 사이에는 나중에 연필로 '테라우치'라고 가필(加筆)한 흔적이 보인다. 최종적으로는 '오우호 테라우치 문고'라고 이름을 지은 것인데 자신의 아호와 이름을 나란히 문고의 이름에 넣은 것으로 보아 말 그대로 오롯한 자기만의 세계, 자기만의 도서관, 자신만의 기념비적인 시설을 남기고자 했던 것이 아닌가 싶다.

일본에서 문고는 도서관을 뜻한다. 즉 이것은 오우호 테라우치 도서관의 설립 취지서인 것이다. 두 장으로 이루어진 취지문 중간중간에는 작은 글씨로 고친 부분이 다수 눈에 띄는 것으로 보아 테라우치가 몇 번이고 들여다보며 수정한 흔적을 찾을 수 있는데 평소의 지독한 완벽주의 성향을 엿볼 수 있는 부분이다. 그를 알기 위해서라도 살짝만 들여다보자.

먼저 취지문은 '미야노 마을 사쿠라 바타케는 문고 창설자가 태어난 고향이다'라는 글로 시작한다. 이어서 13세에 군대에 들어가 참전한 일을 비롯해 자신의 인생 전반을 뒤돌아보며 기록하고 있는데 특히 무라타 세이후(村田清風)와 요시다 쇼인(吉田松陰)과 같은 조슈번의 선배들의 뜻을 후세에 계승하는 것이 자신이 죽기 전에 꼭 해야만 하는 의무라고 생각했다고 밝히고 있다. 그래서 돈이 생기면 역사적인 고서를 구입해 왔고 10여 년간 자료를 모았으며 조선 총독 시절에도 수집을 계속하고 준비하며 도서관을 만들기로 결심을 다져 왔다고 말한다.

뒤에 다시 전하겠지만 테라우치의 이런 준비성과 철저함은 좀 무서울 정도의 집요함 같은 것이 보인다. 한 나라의 궁궐 안 건물 하나를 통째로 자신의 고향 마을로 가져온 것도 이런 치밀함과 철저한 준비 속에서 진행되었기에 무려 100여 년 동안 비밀 아닌 비밀로 감춰져 왔던 것이 아닌가 싶기도 하다.

그런데 이런 '문고'를 먼저 만든 사람이 한 명 더 있는데 고향 선배이자 사돈이었던 고다마 겐타로(児玉源太郎)다. 그는 육군대신 자리를 테라우치에게 넘긴 뒤 고향인 야마구치로 돌아가 '고다마 문고(児玉文庫)'라는 야마구치 제1호 사설 도서관을 설립한 사람이다. 테라우치는 자신의 문고를 만들기 전 이 고다마 문고에도 서적을 기증하는 등 적극적으로 도움을 주었다.

'문고'에 대한 테라우치의 이런 관심은 조선 총독 재직 시절에도 좀 남다른 면이 있어 1912년 10월 15일에는 창덕궁 내의 조선 시대 왕립 도서관인 규장각을 둘러보며 정리 상태 등을 시찰한 적도 있었다. 또 이 내용을 기반으로 아예 조선에서 '고적 조사 위원회'를 설립해 1915년 고대 문화를 소개한 《조선고적도보(朝鮮古蹟図譜)》를 발행한 사람도 테라우치다. 물론 무단통치를 기획하고 실행하며 식민지 조선의 통치 기반을 철저히 일본의 이익에 기반해 다진 사람이니 이런 조사 하나하나가 모두 통치를 위한 준비였을 수도 있다. 특히 이때의 출판 경비를 테라우치가 사비로 충당했다는 얘기도 있는데 만약 정말로 그랬다면 순수한 마음에서 역사와 문화를 기록하겠다는 차원 이외의 다른 목적이 있지 않았을까 싶기도 하다. 왜냐하면 테라우치는 생각보다 더 꼼꼼하고 철저한 금전 관계를 보였기 때문이다.

실제로 그는 출판된 이 책을 배포할 곳을 일일이 체크하고 남은 책은 철저히 보관 관리했다고 하는데 일본의 식민사관이 조선인들의 교육에서 유난히 강조되던 일제 강점기를 생각하면 그 시작점의 하나로 사용되지 않았을까 조심스레 추측해 보기도 한다. 이때 시작된 《조선고적도보(朝鮮古蹟図譜)》 편찬 사업은 전 15권으로 무려 20여 년에 걸쳐 1935년까지 이어졌다.

이런 측면 외에도 그들의 입장에선 '정복국(征服国)' 자료 정리 작업 및 기록, 보관이라는 측면도 있었을 것이다. 실제로 근대적인 도서관이 프랑스 혁명 이후 나폴레옹 1세가 왕실 도서관을 프랑스 '국민도서관'으로 개칭한 것에서부터 시작됐다는 사실을 떠올려 보면 알 수 있다. 이때의 프랑스 도서관은 서적뿐만이 아니라 군사 정복한 주변 국가에서 쟁취해 온 전리품들로 채워져 국민도서관이라는 이름을 얻게 되었던 것이다.

일본 제국이 중국 동북 지방에 만주국을 세우고 만주국 국무원 직할 대학인 '건국대학'을 만들었을 때 그 도서관 개설 중요 사항에 '나폴레옹의 위대한 업적은 파리의 국립 도서관에서 볼 수 있다'(건국 대학 도서관 개설 요강〈건국 대학 연표〉)고 굳이 명시한 점에서도 일본이 생각하는 도서관의 위상이 어디에 중심을 두었는지 알게 된다. 이런 배경에서 마침 프랑스 유학파이기도 했던 테라우치에게 '도서관 설립'은 죽기 전에 반드시 고향에 남기고 싶었던 그의 꿈이기도 했을 것이다. 생애 마지막 병마와 싸우며 그가 끝까지 붙잡고 있었던 것이 '오우호 문고 창설 취지문'이었던 것만 봐도 그렇다.

아들 히사이치(寿一)에게 남긴 유언도 도서관을 완성해 달라는 말뿐이었다고 한다. 히사이치는 아버지의 유언을 받들어 1920년 5월 13일 도서관 착공에 들어갔다. 다만 여기서 살펴볼 중요한 대목이 하나 있다. 앞에 소개한 《도쿄 아사히신문》의 기사에서는 '경복궁의 일부를 가지고 와서 도서관의 건물로 사용할 것'이라고 했는데 아들 히사이치는 테라우치 문고의 건물을 3만 8,900엔이라는 거금을 들여 따로 지었다. 지금은 낡은 세월로 서 있던 바로 그 콘크리트 건물이 이때 지어진 것이다. 이렇게 세워진 '오우호 테라우치 문고'는 1921년 11월 준공식을 갖고 1922년 2월 5일 개관했다. 열람실은 1층은 남자, 2층은 여자 열람실로 따로 구분되었다. 또한 1층에는 일반 열람실과 사무실 그리고 일본, 중국, 조선의 고서적 등 19,000점의 서적이 채워졌고 2층에는 유품을 전시했다고 한다. 야마구치현 제2호 사설 도서관인 오우호 테라우치 문고가 탄생한 것이다.

문고는 테라우치의 호였던 로안(魯庵)을 붙인 로안 재단이 3만 엔의 기금으로 유지, 관리해 왔으나 패전 후 자금난으로 1957년에 폐쇄되었다. 이후 근처에 있는 야마구치 현립 여자 단기 대학(현재의 야마구치 현립대학)이 빌려서 도서관 건물로 이용하다가 아예 매입해 1975년경까지 대학 시설로 사용했고 그 뒤엔 사용하지 않고 현재 야마구치현 소유 건물로만 남아 있는 상태다. 앞서 내가 봤던 그 콘크리트 건물이다.

그런데 조선관은 어디 있는가. 이렇게 멋지게 만들어진 테라우치 문고 바로 뒤에 있었는데 그것은 어디에 기록되어 있고 또 어디로 갔단 말인가.

사진 3 2024년 현재 오우호 테라우치 문고의 모습

2

보였는데 사라졌다

테라우치 문고를 샅샅이 살피다 보니 더더욱 조선관에 대한 궁금증에 목이 마르다. 여기서 다시 '경복궁의 일부를 가지고 와 건설한 건물이 테라우치의 고향집 옆에 있었다'라는 《도쿄 아사히신문》 기사의 시점으로 돌아가 보자.

먼저 살펴볼 것은 테라우치 전기다. 테라우치가 죽은 다음 해인 1920년에 구로다 고시로(黒田甲子郎)가 엮은 《원수 테라우치 백작 전기》라는 책이 있다. 저자인 구로다는 원래 사관학교 학생이었는데 졸업식 전날 술에 취해 군대장을 향해 소변을 누는 희대의 사건을 벌였다. 결국 당시 사관학교 교장이었던 테라우치에게 졸업식을 하루 남기고 퇴학 처분을 당하고 학교를 떠나게 되었는데, 후에 우연히 만나 테라우치의 개인 비서로 채용되고 다시 테라우치의 전기까지 쓰게 되는 흔치 않은 인연을 가진 사람이다. 그의 책에 상당히 의미 있는 자료들이 수록돼 있는데 특히, 테라우치 사망 후 그를 추모하기 위한 많은 추도사와 에피소드들 중 한 장의 사진이 보인다.

사진 4 테라우치의 생가와 조선관《元帥寺內伯爵伝》

　울타리 넘어 왼쪽 우거진 나무 뒤로, 옆으로 길게 뻗은 수수한 일본의 농가 지붕이 어렴풋이 보인다. 그리고 보이는 오른쪽, 바로 그 농가 옆에 자리 잡은 아담한 건물, 가지런히 뻗은 용마루와 일본 시골 농가에서는 찾아 보기 힘든 하늘을 향해 우뚝 솟은 기와지붕이 보이는가. 사진 설명에는 '백작의 고향 오른쪽이 조선관, 왼쪽이 생가'라고 기술되어 있다. 정확하게는 태어난 생가가 아니라 양자로 들어간 테라우치의 집이다.
　1920년에 인쇄된 이 사진이 현존하는 가장 오래된 '조선관'의 모습이다. 그런데 이상한 점이 있다. 테라우치는 살아생전 단 한 번도 정식으로 이 '조선관'에 대한 말을 하지 않았다. 심지어 후에 출간까지 된 그의 일기에서조차(1900-1918 기록) 조선관에 대한 기록도 언급도 없다. 왜일까? 모든 사람이 혀를 내두를 정도로 꼼꼼하고 청렴결백하다는 소리를 들으며 정확하게 일을 처리했던 테라우치가 왜 조선관에 대해서는 단 한 줄의 기록도 남기지 않았을까?

그러나 세상에 비밀은 없는 법, 그가 극구 말하지 않으려 애를 썼던 그 조선관에 대해 말한 이들이 있다. 그것도 누구도 알 수 없던 그들 자신의 일기에 기록한 것이니 신빙성은 더욱 높다.

주인공은 육군대장을 지낸 이구치 쇼고(井口省吾)다. 당시 보병 제42연대의 훈련을 위해 야마구치에 들른 그는 야마구치현 지사의 권유로 주변 명소를 둘러보게 되는데 마침 테라우치의 고향집을 방문하게 된다. 그리고 그날의 일을 이렇게 기록한다.

> "미야노무라는 테라우치 수상이 태어난 곳으로 (그의) 고향집에 있는 조선식 건축물을 보았다." (1918년 6월 5일)

다시 말해 1918년 6월 5일에는 이미 테라우치의 고향집에 그 조선식 건축물이 있었던 것이다. 이 일기와 앞서 소개한 《도쿄 아사히신문》 기사가 테라우치가 살아 있을 때 조선관이 언급된 유일한 두 개의 기록이다.

그 후 테라우치가 사망한 3년 뒤인 1922년 12월 17일 조선관을 목격한 이가 한 명 더 있다. 덴 겐지로(田健治郎). 1916년에 테라우치 내각에서 우편, 전신, 전화 등의 행정을 담당하는 체신대신을 역임한 뒤 1919년부터 1923년까지 제8대 대만 총독을 지낸 그는 대만으로 향하는 도중에 야마구치에 들러 테라우치의 고향 집을 방문한 것이었다.

"조선관이 있었다. 백작이 살아생전에 이왕께 하사받은 전각을 이건한 것이다. 도서관의 일부로 사용한다고 한다."

덴 겐지로가 남긴 이 기록에서 말하듯이 테라우치 문고는 그의 방문 10개월 전 이미 개관을 한 상태로, 문고 준공 후 조선관 역시 도서관의 일부로 사용되고 있었음을 알 수 있다. 다만 이왕 즉 순종에게 '하사받았다'라는 것은 사실이 아니다. 이건(移建)이 결정되었을 당시 즉, 1911년 이후의 경복궁의 전체 관리 권한은 조선총독부에 있었기 때문이다. 아마도 현지에서 그렇게 설명을 들었거나 그렇게 쓰인 설명문을 보았을 것으로 추측된다.

또 하나의 기록은 후대의 연구 논문에서 발견되는데 사이토 타다시(斎藤理)라는 야마구치 현립대학 교수가 2022년에 발표한 논문(〈文化接触による建造物の意味的変容過程について〉)에서다. 이 논문에서는 지역 주민이 소장하고 있다는 사진 한 장이 소개되었는데 1921년 이전에 촬영된 것이라 한다. 사진을 보면 추녀마루 위에 나란히 앉은 잡상(雜像) 세 개를 확인할 수 있다. 다만 열려 있는 문이 건물의 정중앙으로 보이는데 보통은 이곳 처마 아래에 걸려 있는 현판의 모습이 보이지 않는다. 현판은 어디로 간 것일까? 이상하다.

사진 5 1921년 이전에 촬영된 조선관

 이 시기 촬영된 사진은 또 있다. 1923년 기록으로, 정면에 보이는 콘크리트 2층 건물이 오우호 테라우치 문고이고 왼쪽 뒤편에 기와지붕이 확인되는 건물이 조선관이다.

사진 6 1923년에 촬영된 조선관《防長尚武館の寺内正毅·寿一関係資料》

덴 겐지로 이후로도 조선관을 방문하고 기록을 남긴 이가 또 있다. 1924년 5월에 금광교(金光敎)라는 종교의 교단 조직화에 힘쓴 사토 노리오(佐藤範雄)가 이곳을 방문한 뒤 '붉은 칠이 된 조선관이 있는 테라우치 댁'이라고 표현했으며 사진도 한 장 남겼다. (《佐藤先生山陰旅行随行記》神徳書院, 1924년)

또한 1938년에 방문한 교토(京都) 제국 대학의 데라오 고지(寺尾宏二)는 아래와 같은 기록을 남겼다.

"테라우치 문고는 이 지역 출신인 테라우치 마사타케 원수의 옛 고향집 일부에 건설한 것으로 옛 고향집과 문고 그리고 테라우치 기념관이라고 부르는 조선 경복궁 비현각의 일부를 이건한 건물 등이 있다."

이것을 통해 볼 때, 조선관이 '테라우치 기념관'이라고 불리고 있으며 '조선 경복궁 비현각의 일부를 이건한 건물'이라는 인식이 1938년경에 정착되어 있었음을 알 수 있다.

이 외에 1931년에 제작된 가네코 쓰네미쓰(金子常光)의 야마구치시 조감도(鳥觀図) 그림에도 조선관이 등장하는데 이 그림을 보면 하늘을 향해 힘껏 솟아오른 날아갈 듯한 지붕을 가진 붉은 색의 조선관이 테라우치 문고와 함께 일러스트로 그려져 있다. 그런데 이 조감도를 보면 당시의 야마구치시 미야노 지역에는 테라우치 문고와 조선관 이외에는 이렇다 할 눈에 띄는 건물이 그려져 있지 않아 당시의 조선관과 테라우치 문고가 이 지역을 대표하는 일종의 랜드마크와 같은 건축물이었음을 짐작할 수 있다.

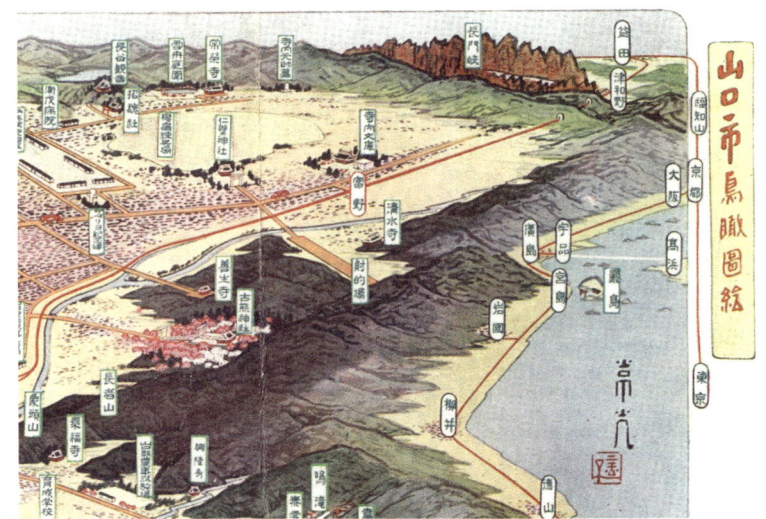

사진 7 가네코 쓰네미쓰의 야마구치시 조감도 그림

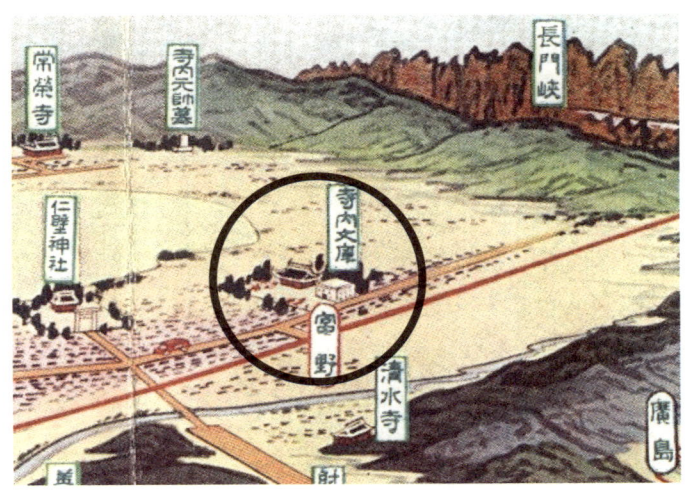

사진 8 조감도 속 테라우치 문고와 조선관

이렇듯 살펴본 자료를 통해 볼 때, 테라우치 사후 그의 아들 히사이치를 비롯해 모든 이가 조선관에 대해 경복궁의 일부가 철거될 때 테라우치가 이를 양도받아 야마구치의 고향집에 이건했다는 인식을 가지고 있었음을 알 수 있다. 또 이 전각은 왕세자가 공부할 때 쓰던 비현각이라는 정보도 기정사실화되어 입간판까지 세워졌음을 알 수 있기도 하다.

그러나 2021년 야마구치 현립대학의 와타나베 시게루(渡辺滋) 교수는 조선관이 비현각이 아니라 '계조전(継照殿)'이라는 연구 결과를 발표했다. '계조전'이란 동궁의 정당인 계조당을 의미한다. 이것은 '계승해 비춘다' 즉, 왕위 계승을 뜻하는 말로 세종 때 당시 세자였던 문종을 위해 지어진 곳이다. 다만 문종 즉위 후 철거되었고 이후 400년이 지나 고종 3년에 경복궁을 중건할 때 같이 중건되었다.

그런데 이상한 것은 1914년 공매 당시 자료에서 계조전의 이름을 찾아 볼 수 없다는 것이다. 심지어 1907년 '북궐도형'이 제작될 당시 이미 헐려 있었다는 기록도 있다. 그런데도 와타나베 교수는 테라우치 고향집에 있던 조선관은 그 평면도가 현존하는데 이 평면도와 경복궁의 도면을 비교 분석해 보면 비현각과는 일치하는 요소가 거의 없고 오히려 계조전의 치수와 유사하다고 말한다. 따라서 "조선관은 1918년 6월 이전에 조선 경복궁의 계조전을 이건한 것이라고 판명했다"라는 결론의 논문을 발표한 것이다.

이 논문의 내용을 조금 더 살펴보면
1) 경성부사 편찬 위원회가 펴낸《경성부사(京城府史) 1》

(1934)에 기록된 "야마구치현 요시키군 미야노무라 테라우치 백작의 저택 내에 있는 테라우치 문고는 (1914년 일반 공매 때) 경복궁의 해당 건물을 구입해서 이건한 것이라는 사실이 가장 타당할 것"이며

2) 이건(移建)한 시기는 1915년에서 1917년 사이로 추측되는데
3) 테라우치가 일기에 기록을 남기지 않은 점으로 보아 1916년 10월 내각 총리대신에 취임한 뒤 건강이 악화되어 일기를 자주 못 썼던 1917년 7월 말에서 8월 말 사이가 가장 유력하다고 추측했다.
4) 또한 융통성이 없고 청렴결백한 것으로 유명했던 테라우치의 성격상 일반인들을 대상으로 경매를 실시하면서 본인만 무상으로 손에 넣는 특혜를 누렸다고 보기에는 어려우니 이 건물만 경매에 부치지 않고 직접 사들인 것이 아닐까, 하고 추측했다. 특히 왜 계조전에 흥미를 가지고 구입하게 되었는지에 관해서는,
5) 이 건물이 동궁 영역의 모든 전각 중에서 가장 격이 높은 건물이고 기단이 이중으로 되어 있는 점도 외관상 보기에 좋았기 때문이었을 것이라고 기술했다.

(〈景福宮(朝鮮)継照殿の日本移建とその後〉 이 논문은 PDF 파일로 되어 있고 인터넷에서 바로 다운로드하여 볼 수 있다.)

계조전인가, 비현각인가. 아니면 다른 무엇인가. 알 수 없는 일이다. 그럼에도 이 논문을 통해 알 수 있는 정확한 사실은, 조선관

은 1918년 6월 이전에 야마구치의 테라우치 고향집 옆에 이건되었다는 것, 그 한 가지뿐이다.

한편 조선관이 어떻게 사용되었는지 엿볼 수 있는 기사가 하나 있다. 1926년 5월 28일에서 31일까지 당시 황태자였던 쇼와 천황이 야마구치현을 방문한 적이 있는데 그때의 상황과 행적을 《보초신문》(1926년 5월 30일, 5월 31일)은 매우 상세히 전하고 있다.

> "(황태자는) 5월 29일 오후 4시 5분에 테라우치 문고에 도착하여 테라우치 백작(히사이치)과 초등학생들과 지역 유지들의 환영을 받고 테라우치 백작의 안내로 조선관으로 들어가 문고의 도서 양(量), 방문객 현황, 경비 등에 대해서 설명을 듣고 테라우치 문고 본관으로 들어가 문고를 둘러보았다."

이 기록을 통해 알 수 있는 또 하나는 조선관이 단순히 도서관의 일부로만 사용된 것이 아니고 귀빈을 접대하는 장소로 마치 영빈관처럼 쓰이고 있었다는 것이다. 그런데 그 조선관이 감쪽같이 사라져 버린 것이다.

그럼 한국에서는 이 사실을 아무도 몰랐을까? 사실 이 조선관을 찾아온 한국인이 없는 것은 아니었다. 1995년 8월 14일 '경복궁에서 뜯겨 옮겨진 또 하나의 궁전 건물을 찾으려고' 야마구치로 간 한국인, 김정동 교수다. 1997년 6월에 출판된 《일본을 걷는다 일본 속의 한국 근대사 현장을 찾아서》(한양 출판)에 수록된 해당 글을 인용해 보자.

"나는 1920년 착공되어 이듬해 준공되었다는 그 건물의 흔적이라도 보려고 그 장소를 찾아갔다. 그러나 앞서 밝혔지만 아무 흔적도 찾을 수가 없었다. 있었던 사실조차 기록한 자료가 없었다. 요시키군 미야노무라는 1941년 야마구치 시에 합쳐졌다. 따라서 현재는 야마구치 시에 속하는 곳이다. 여기서 미야노 지구는 야마구치의 북쪽 지역으로 미야노 기차역 부근과 국도 9호가 지나는 곳 일대를 가리킨다. 야마구치 여자대학과 테라우치 묘지가 그곳 가까이 있을 뿐이었다. 여기에 경복궁에서 뜯어간 건물이 있었고 그 인근에 새로운 근대식 건물을 세웠던 것이다. 철근 콘크리트 2층짜리 75평의 크지 않은 건물로 현 야마구치 여자대학의 정문 좌측에 있다."

이 현장 조사 보고가 현재까지 한국에 전해지는 조선관에 관한 유일한 자료가 아닐까 싶다. 그리고 김정동 교수가 1997년에 확인했듯이 테라우치 고향집 옆에 이건되어 있던 조선관은 사라져 버렸다. 2024년 현재는 야마구치현 야마구치시 사쿠라 바타케 3쵸메(桜畠3丁目)에, JR 미야노역(宮野駅) 근처에, 현도(県道) 204호선의 미야노역 앞(宮野駅前) 버스 정류장 바로 뒤에, 철근 콘크리트 2층짜리 건물인 구 오우호 테라우치 문고(旧桜圃寺内文庫)가 있을 뿐이다. 앞서 살핀 대로 조선관은 빈터만 남기고 사라진 것이다.

그러나 안타깝게도 조선관이 사라진 시기는 불명확하다. 다만 선행연구에 따르면 1946년 12월 1일 자로 야마구치현과 테라우치 일가가 맺은 임대 계약서에는 '조선관 단층 건물 16.5평'이라고 명시되어 있는데 1952년 4월 1일 자 계약서에는 조선관에 관한 언급이 없다. 다시 말해 조선관은 1947년에서 1951년 사이에 사라진 것이다.

자 그럼, 위에 조사한 내용을 간략히 정리해 보자.
1) 조선관은 1918년 6월 이전에 경복궁에서 야마구치로 옮겨져
2) 1947년에서 1951년 사이에 사라졌다.
3) 그리고 이상하리만치 테라우치는 조선관에 관해서만큼은 단 한 줄의 기록도 남기지 않고, 단 한마디의 유언도 없이 끝내 함구한 채 세상을 떠났다.
4) 조선관 앞에는 '조선총독부 청사를 신축할 때 양도받은 비현각'이라는 안내 간판이 세워져 있었으나 도면을 비교 분석한 선행연구에서 보았듯이 이는 사실이 아니다. 그리고 '계조전'도 아니다.

그럼 뭘까? 테라우치 총독은 과연 어떤 비밀을 간직하고 있었던 것일까?

3

진도 7의 지진이 왔다

요즘 말로 MBTI 'T'에 속할 것으로 추측되는 내성적인 아버지와는 달리 우리 어머니는 극 E 성향에 맞게 상당히 활달하고 진취적인 성격을 갖고 계시다. 일본으로 유학할 기회를 얻었지만 쉽게 결정하지 못하고 갈등하는 상황에서 어머니의 한마디는 단호했다.
"공부는 다 때가 있다."

처음 한국에서 '관광일본어과'를 택했던 당시 내 생각은 매우 단순했다. '앞으로 일본어과가 뜬다!' 지금 생각하면 너무 흔하고 쉬운 판단이었는지 모르지만, 일본과의 문화 교류가 막 시작되는 시점이다 보니 여기저기서 일본과 일본어에 대한 관심이 많았고 그 덕에 어쩌면 '시류에 맞는' 자연스러운 판단을 했던 것 같다. 그렇다고 입학 후 일본에 대한 관심이 그렇게 큰 것도 아니었다. 그저 유행 따라 들어온 학과다 보니 큰 흥미를 갖지도 못했고 앞으로의 진로에 대해서도 조금은 막연한 느낌으로 살았던 것 같다. 학과도 '관광-'이라는 이름을 쓰니 졸업 후 그저 관광과 관련한 일을 하지 않을까 싶어 구체적 결정이나 결심 없이 바람처럼 잡히지 않는 마음으로 몇 년간 학교를 오르락내리락하는 정도였다. 그런데 운명은 묘한 곳에서 시작됐다.

무슨 요일이었던가, 전공 수업이었던 것 같은데 일본인 여성 교수님의 수업이었다. 교수님은 강의실에 들어오자마자 칠판에 커다란 나무를 그리셨다. 뭐지? 순간 움직이는 내 몸. 혹시 강의 시간 중 호명이라도 받을까 두려워 늘 맨 뒤에 앉아 있던 내가 갑자기 의자를 바로 하고 몸을 쭈욱 앞으로 내미는 것이다. 나도 모르게…. 그리고 열리는 눈과 귀. 지금도 기억나는 그 말, '언엽(言葉)'.

"나무에서 한번 떨어진 잎은 두 번 다시 원래대로 나무에 붙일 수 없습니다. 사람을 나무라고 생각하고 사람이 입으로 뱉어 내는 말을 나뭇잎이라고 생각해 보세요. 한번 입 밖으로 내뱉은 말은 두 번 다시 주워 담을 수 없죠. 그래서 일본에서는 말을 언엽(言葉, 고토바), '언어의 잎'이라고 표현한답니다."

순간 시 〈사랑의 물리학〉에서 말한 것처럼 '나는 뉴턴의 사과처럼 사정없이 그녀에게로' 아니, '일본어에게로 굴러떨어졌다'. 순간 빠진 첫사랑에 자신의 심장이 하늘에서 땅까지 진자운동을 계속했다는 시인의 고백처럼 나는 일본어과 입학 후 무려 3년 만에 일본어에게로 내 심장의 진자운동을 시작한 것이다. 쿵, 쿵. 이것이야말로 첫사랑이었다.

그리고 이어지는 교수님의 강의.

"일본에서는 말에 영적인 힘이 담겨 있다고 해서 말을 '언령(言靈)'이라고도 부릅니다. 무슨 소리든 만 번을 반복하면 그것이 진언이 된다는 말은 들어 보셨죠?"

언어가 왜 '문화'와 한 쌍을 이루는지 순간 느꼈던 귀중한 시간이었다. 그 시간 이후 나는 열병처럼 일본어를 '앓기' 시작했다. 그 어떤 사랑도 그렇게 뜨겁지는 못했으리라 생각할 만큼 일본어에 대한 내 지고지순함은 몇 년간 계속되었다. 단어를 외우는 일이 그렇게 즐거울 수가 없었다. 마치 내 안의 일본어라는 나무에 잎이 하나씩 늘어 가는 것처럼 일본어 단어 하나하나를 외워 가는 것이 푸르고 행복했다. 덕분에 일본어반에서 유일하게 가장 먼저 일본어 능력시험 1급을 따고 드디어 일본으로의 첫걸음을 떼게 되었다.

모든 것이 순조로웠다. 그런데 호사다마라 했던가. 아버지가 쓰러졌다. 뇌경색이 그렇게 무서운 병인지 그때 처음 알았다. 어린 시절 "저기에 들어가지 마라" 애써 가르쳐 주셨는데도 기어코 저 멀리 있는 꽃을 보겠다고 웅덩이에 들어갔다가 늪처럼 빠져 드는 그곳에서 한참을 이러지도 저러지도 못하고 있던 딸을 아무 말 없이 끌어내 싫은 소리 한번 안 하시던 분. 점점 더 눈물이 많아지시던 그 아버지가 쓰러지시고 나니 세상은 그저 캄캄한 두려움이었다.

그 상황에서 가장 침착하고 용맹하게(그랬다. 어머니는 그 어느 순간보다 용맹하게 나를 채근하고 격려하셨다.) 상황을 정리하고 나의 일본행을 독려해 주신 분은 어머니였다. 일본에서의 공부, 박사 과정 준비, 그리고 구루시마 기념관을 준비하던 매 순간 어머니는 단 한 번도 '안 된다, 그게 되겠나'라는 부정적인 말씀을 하신 적이 없었다. 오히려 "성연아, 해 봐라. 된다. 니가 누고"가 어머니의 일관된 '주문'이었다. '유 캔 두 잇(You can do it)'의 마술 같은 주문.

그런데 일본에 넘어와 이제 꿈을 막 펼치려는 순간 어머니마저 갑상선암에 걸려 버린 것이다. 그때 처음으로 심장이 벌벌 떨린다는 것이 무엇인지 경험을 했던 것 같다. 그래도 다행히 잘 치료가 되어 내가 있는 일본으로 요양차 오시게 되었으니 한편으로는 다행이기도 했다. 그 덕분에 고마운 부모님들과 함께 일본 여행을 하게 됐으니 말이다. 더구나 3월 내내 테라우치 문고와 조선관을 찾아 헤맸던 차라 나 역시 휴식이 필요했다. 목적지는 와카야마현에 있는 고야산.

고야산(高野山, こうやさん)은 와카야마현 북부 이토군 고야초에 있는 해발 800m급 고원을 뜻하는데 무려 1,000m 높이의 산들이 빙 둘러싸고 있어 절경을 이루는 곳이다. 이 고야산은 특히 816년에 일본 불교 진언종을 창시한 홍법대사 구카이(弘法大師・空海)라는 고승이 개척한 곳으로 일본 불교를 대표하는 성지 중의 하나이기도 하다. 또 '기이 산지의 영지(靈地)와 참배 길'로서 유네스코 세계 문화유산에 등록되어 더 많이 알려지게 되었는데 쉽게 말해 스페인의 '엘 카미노 데 산티아고 성지순례길' 같은 것을 떠올리면 된다. 구간은 일본 간사이 지방 남부 기이 반도 일대에 분포한 여러 영지(靈地)와 그 영지들을 이어 주는 길로 와카야마현 전 지역과 나라현, 미에현의 남부 지역이 포함된다. 특히 이 참배 길을 걷다 보면 곳곳에 위치한 약 117개의 사원을 만날 수 있어 어디서든 기도하고 소망을 올리는 공간이 되기도 한다. 말 그대로 산 전체가 하나의 절, 곧 사찰이라고 봐도 무방하다.

어머니는 오래전부터 이곳을 소망하셨다. 한 번쯤 걸어 보고 싶다고 말씀하던 기도의 길, 소망의 길이 이 고야산이었다. 특히 어머니의 고야산행 소망은 또 다른 이유가 있기도 했다. 내가 규슈대학 대학원 시험을 본 뒤에 어머니의 꿈에 홍법대사가 나왔다고 한다. 그때까지 고야산이나 홍법대사에 대해 무슨 특별한 정보가 있지도 않았는데 놀랍게도 꿈속에서 홍법대사가 하는 말을 들었다는 것이다. 지금 생각해도 신기한 일이다.

그런데 이 꿈이 길몽이었는지 나는 보통의 유학생들이 거치는 1, 2년의 연구생 과정을 거치지 않고 단 한 번에 규슈대학의 시험에 합격할 수 있었고 그 뒤로 우리 집에서는 홍법대사가 아주 유명 인사가 되었다. 그래서 언젠가 고야산에 꼭 한번 가 보고 싶다고 염원하게 된 것이다. 생각해 보니 2001년에 일본으로 유학길에 올랐으니 그 염원이 꼭 15년 만에 이루어진 것이다.

마침 나 역시 구루시마 기념관 개관을 앞두고 절실히 기도하고 싶은 마음이 크던 차라 고야산행에 은근히 마음이 들떴다. 그렇게 걷고 또 걷고 기도하고 합장하고. 걸음걸음 소망을 올리며 걷는 와중에 이상하게 마음속에서 떠나지 않는 그림 하나, 조선관.

한 달을 내내 찾아 헤맨 여파이기도 했겠지만 이상하게 당장 급한 구루시마 기념관 기도보다 마음과 입술로 조선관, 조선관을 읊조리는 나를 보게 된 것이다. 순간 허! 빈 웃음이 살짝 나오기도 하고. 내가 생각해도 내가 이해가 안 됐다. 당장 눈앞의 구루시마 기념관이야말로 내 미래요, 내 '일'인데 내가 왜 느닷없이 다른 일에 이렇게 마음을 뺏기고 있는지 스스로 생각해도 좀 우습기도 하고 묘한 기분이 들기도 하고 그랬다. 마치 당장 결혼할 상대를 앞

두고 갑자기 전생의 연인을 만나 갈데없이 마음이 이리저리 흩어지는 것처럼 두 마음이 어지럽게 교차했다. 그리고 저녁.

나라(奈良)의 한 료칸(旅館)에서 늦은 휴식을 취하고 있던 밤 9시, 갑자기 뉴스 속보가 떴다. 지진이었다. 진도 7의 지진이 구마모토에 발생해 2,300년의 역사를 자랑하던 아소 신사(阿蘇神社)가 처참하게 무너진 장면이 계속 나오고 있었다. 내가 살던 유후인도 진도 6의 지진으로 마을 곳곳이 엉망이 되고 사람들이 대피소로 이동하는 장면이 연이어 나오는 등 말 그대로 아비규환 난리 통이 벌어져 있었다. 부모님을 모시고 멀리 나온 덕분에 용케도 지진을 피했지만 현장에 있었다면 나 역시 오니기리(주먹밥) 하나 받고 어느 대피소 구석에서 담요 한 장으로 며칠을 견뎠어야 할지 모르는 상황이었다.

그런데 그때 퍼뜩 드는 생각. 아 지진! 조선관도 혹시? 그 긴 시간을 견뎌 온 아소 신사가 형체도 없이 무너져 버린 장면을 보면서 조선관도 혹시 지진과 같은 자연재해로 붕괴된 것은 아닐까 생각이 든 것이다. 그때부터 갑자기 마음이 급해지기 시작했다. 이 조선관을 다시 찾아 봐야겠다는 생각에 마음이 두근두근 다시 또 열병이 시작되려고 하는 것이다. 알고 싶다, 알아야 한다는 나만의 열병.

그렇게 둥둥 뜨는 마음으로 며칠을 더 있다 돌아온 유후인 집은 예상대로 엉망이 돼 있었다. 냉장고는 반대편 벽까지 걸어 나와 있고 싱크대의 그릇은 모조리 떨어져 와장창 부서져 있고, 그 와중에 이케아의 가구들은 이리저리 휘어져 처음의 모양을 잃고 있었다.

4

자연재해? 그래 건설회사다!

　일본은 정말 지진이 흔한 나라다. 역사적으로도 1923년 관동대지진을 비롯해 1927년 북단고 지역의 지진으로 각각 14만 명, 3천여 명의 사람들이 목숨을 잃었다고 한다. 특히 내가 관심을 두고 있던 1950년 전후만 해도 43년 돗토리 지진, 44년 히가시 나가이 지진, 45년 아이치현 미카와 지진, 46년 난카이 지진, 48년 후쿠이 지진 등 40년대에만 무려 1만여 명의 사람들이 희생되었다. 그 뒤로도 60~80년대까지 홋카이도 지진 등이 이어졌고 당장 2011년 3월에는 리히터 규모 9.0의 동일본 대지진이 발생해 큰 피해를 일으키기도 했다. 이때는 우리나라에서도 상당히 많은 규모의 지원금과 지원 인력이 파견돼 이웃 나라의 아픔에 함께하려는 우리 민족의 '정'을 보여 주기도 한 것으로 기억한다.
　사실 지금 하는 말이지만 처음 일본으로 공부를 하러 떠난다 했을 때 부모님과 주변에서 가장 많이 들은 말이 '지진' 이야기였다. 아무래도 워낙 지진 소식이 많은 나라다 보니 걱정이 드는 것은 당연했다. 그러나 일본 생활을 하다 보니 그런대로 적응이라는 것이 또 되는 것 같기는 했다. 특히 이 지진 때문에 오히려 건물마다 내진설계에 더 신경을 쓰는 것도 있어 그런 부분은 오히려 다행인 측면도 있었다. 다만 정말 적응이 안 되는 한 가지가 있다. 내가 사는 지역이 아닌 다른 지역의 지진 소식이다. 분명 흔하게 지진이 발생하는 땅이라는 것을 알면서도 오히려 다른 지역에서 지진이 일어난 소식을 뉴스로 접하면 안타까움과 함께 묘한 공포가 밀려온다. 모든 불안은 그것이 아직 일어나지 않았을 때 더 극대화되는 것처럼 다른 지역의 지진이 당장 내게로 달려올 것 같은 두려움, 마치 '아직은 일어나지 않은', 지연된 어떤 불행의 맨얼굴을 보는 것 같은 그런 공포다.

내가 고야산 여행에서 지진 소식을 접하고 조선관을 떠올리면서 가진 감정도 이와 유사했다. 비록 '유레카!' 하는 심정으로 '그래, 자연재해 때문에 사라졌을 수 있다'라는 생각을 가지긴 했지만 어떤 처참한 파괴의 현장을 보게 되는 것은 아닌가 하는 걱정과 두려움, 그런 것이 아주 없지는 않았기 때문이다. 그런데 더 걱정되는 것은 아예 못 찾는 것이 아닌가 하는 것, 앞서 살핀 대로 야마구치현과 테라우치 일가의 마지막 임대계약서 이후인 1952년 이후의 모습을 흔적조차 잡을 수 없는 것 아닌가 하는 더 근원적 고민이 있었다.

사실 오랜 시간 연구 활동을 하고 논문을 준비하면서 늘 자료를 찾아 헤맸다. 시작하기 전에는 어디서든 내가 찾고자 하면 어떻게든 찾을 수 있다는 자신감이 있었다. 그만큼 꼼꼼하고 철저하게 자료 조사를 하는 스스로에 대한 믿음이 있었기 때문인지도 모른다. 그런데 조선관을 찾으려는 그 순간엔 이 자신감이 모조리 사라져 버린 것이다. 더구나 지진과 같은 자연재해 때문이라면 아예 그림자조차 만져 볼 수 없는 것 아닌가 하는 걱정나무가 돼 버린 것이다. 그럼에도 불구하고 나는 다시 움직이기 시작했다. 일단 야마구치현으로 다시 출발. 그날은 2016년 4월 29일이었다.

먼저 건설회사부터 찾기. 자연재해가 발생했다면 붕괴되었을 가능성이 크고 분명히 누군가 또는 어떤 회사든 철거 작업에 참여했을 가능성이 크다고 판단했다. 우선 조선관 근처에 있던 건설회사들을 수소문해 보기로 했다. 그럼 이 회사들을 찾는 첫 번째 방법은? 시청이다. 야마구치 시청으로 직행했다. 시청 1층 인포메이션 창구에서 찾아온 이유를 말하자 입구의 여성 직원의 표정이 묘하다. 50년대 건설회사를 찾는다는 말이 무슨 '전설 따라 삼천리' 느낌을 주었는지 고개를 갸우뚱하다가 나이가 지긋해 보이는 남성 직원을 한 명 부른다. 그러나 이 직원 역시 마땅한 방법을 찾지 못하고 두꺼운 전화번호부 같은 책을 뒤적이다 한 곳을 가리킨다.

토목 건축부 감리과를 찾아가라는 얘기다.

감리과 입구에서 스미마셍을 서너 번 외치자 그제야 반응이 왔다. 그렇게 직원 한 사람의 도움으로 사무실 구석진 곳의 긴 책상을 차지하고 앉아 그날 하루 내내 오십음별로 표시된 토목 허가업자의 명부를 하나하나 뒤지기 시작했다. 상당히 두꺼운 파일이었다. 파일? 한국 사람들이라면 이게 뭔 말인가 싶을 것이다. 그러나 안타깝게도 일본의 행정 시스템은 여전히 아날로그 방식이 일반적이라 이렇게 오래된 자료들을 찾을 때는 더더욱 두꺼운 책이

나 파일 등을 펼쳐 놓고 일일이 손으로 짚어 가며 찾는 수밖에 방법이 없다.

　문제는 허가 기간이 정해져 있고 수시로 갱신이 되는 터라 오래된 회사나 신생 회사나 구분이 없이 마구 뒤섞여 있다는 것이었다. 그래도 일단 50년대의 회사를 찾는 것이니 앞선 숫자부터 찾아 회사 이름, 전화번호 등을 일일이 적기 시작했다. 그런데 이게 또 시간이 만만치 않게 드는 것이었다. 제일 큰 문제는 업무 편의성 때문이었는지 숫자와 숫자 사이의 붙임표 곧 '-' 이 표시가 없는 것이다. 000-000-0000 이렇게 표시되지 않고 '0000000000'으로 숫자만 쭉 나열돼 있는 공문서를 계속 보다 보니 눈이 아픈 정도가 아니라 아예 숫자 구분 자체가 안 되는 것이었다. (검색어 몇 개로 휘리릭 정보를 내놓는 컴퓨터의 위대함에 새삼 경의를!)

　더 큰 문제는 이 기록들을 마치 예전 전화번호부 책처럼 두껍게 하나의 파일로 묶고, 그 위에 다시 또 묶고, 또 얹고 한 상황이라 파일의 두께 자체가 만만치 않았다. 어쩐다, 잠시 망설이다 용기를 내 다시 한번 "스미마센~".

　그날 이 시청의 감리과 직원들은 매우 귀찮았을 것이다. 웬 여자가 와 책상 하나를 차지하고는 하루 내내 끙끙대며 자료를 뒤지다 또 스미마센 스미마센 낑낑대는 소리를 내니 외면할 수도 없고 많이 고생스러웠을 것이다. 어쨌든 남녀노소에 관계없이 몇 명의 직원이 번갈아 가며 숫자가 있는 곳을 긴 자로 눌러 주고, 손가락으로 표시해 주고 아주 난리가 아니었다. 그런데 지금 다시 생각해 보니 귀찮고 번다한 그 일을 시청 공무원 누구도 싫은 내색 없이 도와준 것이 새삼 고맙고 놀라운 서비스 정신이다 싶기도 하다.

실제로 일본의 관공서는 완전히 스마트한 IT 체계가 구축돼 있지 않아 한국에 비해 불편함이 많이 있지만, 대신에 이런 대민 서비스 정신은 남다른 측면이 있다. 방문자가 힘겹게 무언가를 찾고자 할 때 어떻게든 도와주려는 자세가 확실히 다르기 때문이다. 여전히 냉랭한 한일 관계 속에서 양국의 국민이 일부 서로에 대한 불신과 오해를 갖고 살기는 하지만 그래도 인정할 부분은 서로 인정하고 살아갔으면 하는 바람이 그래서다.

어쨌든 시청 토목 감리과에서의 이날의 내 수확은 100개, 총 100개의 업체 정보를 획득했다.

그럼, 이제 전화를 걸어 보자.

5

100개의 회사, 천 번의 '모시모시'

아뿔싸, 혼자 사는 내 방엔 일반 전화가 없다. 한국도 그렇지만 점점 핸드폰만 사용하는 사람들이 많아지면서 일본에서도 데이터 무제한-통화 무제한 서비스들이 생기기 시작했는데, 기억하기로 2015년 전후로 무제한 통화 서비스들이 나오기 시작한 것 같다. 요금은? 물론 비싸다. 그래서 2010년 초반쯤부터 네이버 라인을 일본에서는 '무료 통화 앱'이라고 부르는 사람들이 많았다. '라인' 앱을 통하면 따로 통화료를 내지 않고도 전화 통화를 할 수 있어 많은 사람이 이 앱을 이용해 통화료를 아끼곤 한 것이다. 그러나 내 경우는 일을 제외하고는 전화 통화 자체를 즐기지 않아 굳이 무제한 통화도, 앱 사용도 필요치가 않았는데 이 오래된 건설회사들을 일일이 찾아야 하니 당장 요금제부터 바꿔야 할 판이었다.

그래도 일단 급하니 메모지와 수첩을 앞에 두고 우선 몇 개 회사부터 시작해 보기로 했다.

"모시모시, 1950년도에 활동한 건설회사를 찾고 있는데요…."

"모시모시~ 저는 아무개라고 하는데요. 1950년대 초반 야마구치에서 토목사업을 하던 건설회사를 찾고 있습니다. 귀 회사가 몇 년도에 창립됐는지 알 수 있을까요?"

정말 수십 번 같은 말을 반복하고 또 반복하며 통화를 이어 간 것 같다. 다만 문제는 내 일본어였다. 내 나름 긴 시간 공부하고 일본 땅에서 살아온 시간이 있어 회화 자체에 자신감이 없지는 않았는데 정말 다양한 종류의 사람들과 연이어 통화를 하다 보니 이게 생각보다 쉽지 않다는 것을 절감했다. 특히 아무리 문법적으로 정확한 문장을 구사한다 해도 얼굴을 보지 않고 전화로만 대화를 할 때는 분명 외국인인 티가 났을 것이다. 더구나 그렇게 외국인인 웬 여자가 무슨 50년대 토목사업이 어쩌고, 오래된 건설회사가 맞냐고 질문을 해 대니 이상하고 의아할 수밖에 없었을 듯하다.

결국 며칠간의 수십 통의 통화에도 만족할 만한 답을 얻지 못했다. 무엇보다 '의심스러운' 외국인의 난데없는 50년대 이야기에 친절하게 정황을 잘 알려 줄 회사는 없었다. 궁리 끝에 당시에 시간강사로 나가던 대학교의 일본인 제자 한 명을 불러 대신 통화를 맡기고 옆에서 대기를 하는데 내가 직접 알고 싶은 것은 묻지 못하니 이것도 시원치가 않았다.

그렇게 며칠을 보내고 결국 다시 직접 도전. 하나하나 줄을 쳐 가며 그렇게 100개의 회사에 모두 전화를 했고 계속 같은 내용을 질문했다.

"49년부터 52년 사이에 혹시 야마구치에서 토목사업을 하셨는지요? 저, 조선관이라는 건물에 대해서 들어 보신 적이 있으신가요?"

나이가 많은 직원을 찾아 묻고 또 묻고, 회사의 홍보팀에게도 같은 질문을 수십 번 하고…. 그래도 없었다. 아무것도 얻을 수가 없었다. 다시 절망. 처음 조선관 사진을 보고 테라우치 문고를 찾아 미야노 정류장에서 헤매고 헤매다 발견한 비어 버린 공터에서의 그 허망함이 또 밀려왔다. 대학 도서관으로, 자위대로 온갖 곳을 찾아 헤매고, 기사를 열람하고, 사진을 찾고, 묻고 또 물으며 겨우 찾아낸 정보의 끝에서 갑자기 연기처럼 사라지는 조선관을 확인했을 때의 그 막막함. 딱 그 기분이었다.

희한할 만큼 조선관은 찾았다 하면 사라지고 또, 발견했다 싶으면 이내 모습을 감췄다. 100개쯤의 회사를 선별했으니 이제는 찾을 것이라 생각한 그 흔적이 다시 또 이렇게 허망하게 끝나자 마음속에선 유혹이 올라오기 시작했다. '이제 그만하자. 이건 내 일이 아니잖아. 구루시마 기념관은 어쩌려고 지금 이렇게 다른 데 신경을 쏟고 있어? 이제 그만하면 됐어. 이건 역사학자가 할 일이야. 이제 그만!'

악마의 속삭임인지, 정신을 차리라는 부처의 죽비인지 며칠 내내 속이 수선스럽고 시끄러웠다. 그래, 그만두자. 나는 끝내 기브업, 항복을 선언했다.

6

기적은 정말 기적처럼 왔다

그리스 신화에 나오는 '시지프(시시포스, Sisyphos)'는 코린토스의 왕이었다. 코린토스시를 스스로 건설해 왕이 된 시지프는 꾀를 잘 부리던 사람이었는데 한번은 죽음의 신 타나토스를 꾀어 가두기도 하고 또 한번은 지하 저승의 왕 하데스에게 붙잡혀 있으면서도 꾀를 내 아내를 찾아가기도 했던 사람이다. 그러나 하데스에게로 돌아오겠다던 약속을 지키지 않아 결국은 헤르메스에게 붙잡혀 다시 지하 세계로 끌려가게 된다. 그 후 영원한 형벌, 돌을 굴리는 벌을 받게 되는데. 언덕 아래의 돌을 높은 언덕 위까지 굴리고 굴려 올라가면 그 돌은 다시 아래로 떨어지고 시지프는 이 돌을 다시 위로 올려야 한다. 그렇게 매일 같은 돌을 굴리고 또 굴려야 하는 영원한 형벌. 우리가 보통 '시지프스 신화'라고 얘기하는 시지프 신화의 줄거리다.

어쩌면 인간의 삶이라는 것이 이렇게 늘 반복되는 일상과 똑같은 결론으로 이미 결정돼 있는 것인지 모르지만 그래도 다시 돌을 굴려야 하는 것을 숙명처럼 안고 태어난 것은 아닐까 생각하기도 한다. 몇 달을 내내 조선관을 찾아 헤매다 이제 포기하자는 생각에 이르자 가장 먼저 떠오른 것이 이 시지프 신화다. 돌을 굴리고 또 굴리는데 분명 꼭대기에 다다랐다 싶으면 다시 밑으로 떨어지는 바위. 아무리 노력해도 다시 제자리로 돌아오는 돌덩이. 이게 무슨 조화 속일까 생각하면서도 한편으로 설핏설핏 보였다 사라지는 '그림자놀이'를 하는 느낌도 들었다. 그래, 꼭 그랬다. 시지프 신화만이 아니라 '그림자 잡기' 놀이 같은 생각도 들었다. 실루엣은 분명히 보이는데 휙 돌아 잡으려 하면 사라지는 것. 분명한 형체는 보이는데 결코 잡을 수도 잡힐 수도 없는 것. 심지어 어둠 속에서만 언뜻 보이는 이 요상한 그림자.

그렇게 '이제 그만!'을 스스로 선언하고 난 뒤에도 나는 무슨 핑계처럼 또는 마지막 미련처럼 시지프와 그림자를 생각했다. 그렇게 이리저리 굴러떨어지는 돌과 잡히지 않는 환영에 부대끼며 며칠이 흐르고 5월 2일 벳푸에 있는 작은 '공무점'에서 강연을 하게 됐다. 오이타에서 내 강연을 들었다는 그 공무점 회장의 요청을 거절할 수 없어 수락은 했지만 나는 '공무점'이라는 곳이 어떤 곳인지 몰랐다. 생소한 공무점이라는 이름 때문에 공구점이나 문방구 같은 그런 작은 가게라고 생각했다. 강연 당일 벳푸의 한 호텔로 향하면서도 많아야 10여 명 정도의 청중이려니 생각했다. 그런데 생각보다 많은 250여 명의 사람이 앉아 있는 큰 자리였다.

아, 여기서 먼저 일본의 '공무점'에 대해 얘기를 좀 해야겠다.

단독주택 시장이 발달한 일본은 건축회사들이 하우스 메이커(ハウスメーカー, 하우스메카)와 공무점(工務店, 고무텐)이란 두

그룹으로 양분되어 있다. 여기서 '하우스 메이커'는 주택 전문 건설회사로, 부지 선택과 금융정보 제공, 설계, 시공, 유지, 관리에 하자보증까지 집 짓기의 시작부터 끝까지를 모두 책임지는 회사다. 현재 일본에는 타마 호무(タマホーム), 세키스이 하우스(積水ハウス) 등 대략 10여 개 내외의 전문 하우스 메이커들이 활동하고 있다.

한편 '공무점'은 일본 전역의 각 지역단위 소규모 건설, 토목, 건축회사라고 보면 되는데, 2016년 현재 약 900여 개의 업체가 개업해 있는 상태였다. 사실 조선관과 같은 작은 단위의 건축물을 관리하거나 보수, 철거하는 일이라면 그 지역의 공무점이 담당했을 가능성이 더 컸다. 그런데 정작 나는 공무점이 건설업이라는 것을 몰랐기 때문에 공무점에 대해서는 제대로 살펴보지 못했던 것이다. 그런 와중에 우연인지 필연인지 벳푸의 공무점으로부터 강연 의뢰를 받은 것이다.

강연을 하며 청중들을 둘러보니 생각보다 연령대가 높은 분들이 많았다. 강연에 앞선 회장님의 인사 말씀에서 이 공무점이 80년 전에 창설되어 오랜 시간 이 지역에 밀착해 각종 토목 및 건설사업을 해 왔다는 사실을 알 수 있었다. 나는 강연이 끝나자마자 사무실로 찾아가 "벳푸 지역에 1950년경에 활동하던 건설회사가 얼마나 있을까요?"라고 실험 삼아 물어보았다. 그러자 프론트의 젊은 직원은 대뜸 "모릅니다"부터 말한다. 조금의 실망. 그 순간 이 직원이 주변을 둘러보며 아무개 씨~ 아무개 아저씨~ 아무개 영감님~ 하고 주변 사람을 일일이 불러 세워 내 질문을 대신해 주는 것이다. 잠깐 실망했던 마음이 금방 봄으로 변한다. 사람이라는 것이 이렇게 간사하다.

그러고 보니 오래된 공무점에는 본사의 현재 직원만이 아니라 하청을 받고 일하는 더 작은 회사와 그곳에 속한 오랜 경험의 숙련자들이 연결돼 있을 터였다. 그 네트워크도 생각지 못했던 것이다. 더구나 그런 하청 및 숙련공들은 대부분 지역의 토박이다. 그래, 토박이다!

잦아 있던 피가 다시 돌기 시작했다.

3장

여름, 드러낸 얼굴 선원전 현판

1

94세의 할머니 미짱

 6월이 왔다. 여름은 한국도 그렇지만 일본도 만만치 않게 덥다. 특히 우리와 마찬가지로 7월까지 긴 장마가 이어지는데 한국보다 약간 더 긴 장마 기간을 갖는 것 같다. 물론 최근 한국은 아열대 기후와 비슷하게 국지성호우가 많아졌다고 하는데 일본은 아직 그 정도는 아니지만 가끔 무섭게 폭우가 내리는 날이 있기는 하다. 그래도 보통의 7월 말까지의 장마가 여전히 이어지고 있는 것이 일본의 여름이다.

 공무점에서의 강연을 마친 후 며칠 동안 다시 조선관, 공무점, 조선관, 공무점을 외우다시피 하면서도 현실의 업무를 놓쳐서는 안 되기에 몇 주간은 구루시마 기념관 준비 작업에 몰두했다. 특히 5월엔 한국에서 이와야 사자나미의 '하이가 모음집'을 출판할 일이 있어 서울 오빠 집을 찾았다. 일본에서는 구루시마 평전을 출판할 곳을 찾고 한국에서는 하이가 모음집 출간에 정신이 없고 그 와중에 마음 깊은 곳엔 조선관을 품고…, 생각해 보면 2016년 여름은 시작부터 온갖 일들이 몰아치고 있던 시기였다.

6월 7일엔 야마구치를 다시 찾았다. 벳푸 공무점에서 힌트를 얻은 덕분에 야마구치의 모든 공무점을 찾아보기로 마음먹은 것이다. 문제는 사투리. 우리나라도 노인 분들의 '리얼 사투리'는 그 지역 출신도 알아듣지 못하는 경우가 많은데 외국인인 내 입장에서는 이게 너무 곤욕이었다. 대부분 고령의 어른들을 찾아 질문을 하는데 도저히 알아들을 수 없는 단어들이 너무 많은 것이다. 그래도 포기는 금물. 걷고 또 걸으며 수십 명이 넘는 어른들을 인터뷰했던 것 같다.

그리고 1주일 후. 아침부터 이상하게 마음이 둥둥 뜨는 것이 일이 손에 잡히지를 않는다. 지난주 내내 찾아봤으니 이제는 끝이다 생각했는데 마음속에서 자꾸 한 번만 더, 딱 한 번만 더 이런 소리가 올라오는 것이다. 5월에도 다 끝났다, 이제 포기하자, 스스로에게 다짐을 했었다가 다시 1주일 내내 시간을 모조리 썼던 상황이라 더는 나 자신에게 속지 않기로 큰 소리를 냈다. "김성연 이제 끝!"

정말로 어느 동화에서인지, 개그 프로인지 악마와 천사가 각각 왼쪽 귀와 오른쪽 귀에 대고 더 해라, 그만둬라, 더 해도 돼, 아니야 안 돼, 무슨 기 싸움을 하는 것처럼 마음속에 두 갈래 길이 열렸다. 사실 계속 갈등이 일었던 것은 조선관 찾기의 더 이상의 성과는 없고, 책 출간으로 자꾸 업무가 쌓이기 시작했기 때문이다. 그러다 침대에 앉아 잠시 눈을 감았다.

그 순간 갑자기 떠오르는 '빨간 머리 앤'.

나는 어렸을 때부터 '빨간 머리 앤'을 무척이나 좋아했다. 빨간 머리에 빼빼 마른 앤은 주근깨투성이 얼굴로 하루 종일 온갖 공상을 하며 수다를 떠는 소녀였지만 한편으로 자신의 꿈을 향해 전력 질주 하는 노력가였다. 그래선지 소설로도, 만화영화로도 만났던 '빨간 머리 앤'은 볼 때마다 가슴이 설렜다. 특히 이 앤에 대한 동경은 성인이 되어 유학을 와서도 끊이지 않아 대학원생 시절에는 학교 앞 중고 책방에서 무라오카 하나코(村岡花子)가 번역한 《빨간 머리 앤》 소설책 시리즈 10권을 다 사서 읽어 보기도 했다. 일본어로는 어떻게 표현돼 있을까, 궁금해서다. 당시 내가 수첩에 적어 놓았던 빨간 머리 앤의 유명한 구절이 있다.

"나는 지금 길모퉁이 앞에 와 있어. 이 길모퉁이를 돌면 뭐가 있을지는 몰라. 그래도 틀림없이 가장 근사한 게 있을 거야."

유학이라는 길모퉁이를 돌아 구루시마 다케히코 연구라는 인생의 목표를 발견했듯이 내가 찾고자 하는 조선관 역시 지금, 그 비밀의 마지막 길모퉁이 어딘가에 서 있을지 모른다. 퍼뜩 앤과 함께 그 생각이 드는 것이었다.

순간 빠르게 채비를 하고 다시 야마구치로 향했다. 그리고 그곳에서 무려 94세의 할머니 미짱을 만났다. 작지만 오래돼 보이는 한 공무점이었는데 94세로는 보이지 않을 만큼 허리 하나 굽은 것 없이 늘씬한 키를 자랑하는 할머니였다. 참고로 일본에서는 나이가 아무리 많아도 '바짱'(할머니)이라고 부르지 않고 '~짱' 또는 '~상'이라고 부르는 것이 일반적이다. 이 할머니 경우 '미짱'이라고 부르는 것으로 봐서 원래의 이름은 '미치코'였던 것으로 보인다.

노랗게 머리를 염색하고 곱게 립스틱까지 바른 할머니는 보청기 하나 없이 맑은 청력으로 나에 대해 이것저것 묻기 시작했다. 내가 한국인이라는 것을 알자 본인은 대구에서 태어난 히키아게샤라며 반가워했다. 히키아게샤(引揚者)란 일본이 전쟁에 패한 뒤 일본의 식민지였던 조선, 만주, 대만 등에 거주하다가 일본으로 귀환한 일본인을 말한다. 미짱은 94년 자신의 인생을 풀어놓았는데 거의 대하 소설급의 방대한 이야기였다. 다만 엄청난 기억력의 소유자이긴 했으나 했던 말을 하고 또 하는 통에 한두 시간이 훌쩍 지나가 버렸다. 그사이 끼어들 틈을 노려 테라우치 문고와 조선관에 대해서 몇 번이고 물어봤으나 쉽게 답이 나오지 않았다. 그러다 드디어 단어 하나가 툭 떨어졌다.

'○○구미.'

패전 이후 활동하던 이 건설회사가 이곳 야마구치시 가나코소쵸(金古曽町) '사비에루 공원' 근처에 회사를 두고 있었고 마침 회사는 거주하는 집을 겸하고 있었다는 것이다. 지금 이 글을 쓰는 순간에도 그때의 미친 듯 뛰던 심장의 소리가 들리는 듯하다. 회사도 아니고 집? 심지어 그 집이 지금도 있다는 것이다. 나는 순간 미짱 할머니에게서 얻은 사실 하나하나를 다시 되새겼다.

○○구미, 사비에루 공원, 가정집.

2

사비에루 공원 근처, 그 집

　건설회사를 겸했다는 집. 그 집이 지금도 남아 있다는 소리를 듣고 말 그대로 마구 '날뛰는' 심장을 지그시 누르면서도 아주 솔직한 심정은 반신반의였다. 몇 달 전 테라우치 문고를 찾았을 때처럼 또 아무것도 없겠지. 그래, 없을 거야. 그래도, 그냥 빈집이라도 살펴보기만 하자. 그렇게 마음을 먹었다. 한 번 아니, 몇 번의 거듭된 좌절은 더 이상의 실패를 감당하기 싫다는 듯이 미리 심리의 연막을 치고 애써 '예정된' 또 하나의 좌절을 상정해 두는 것으로 스스로를 앞서서 위로하고 있었다. 그래도 1950년경의 건설회사의 어떤 조각이라도 만져 볼 수 있다고 생각하니 그것은 그것대로 매우 흥분되는 일이었다.
　미짱 할머니가 알려 준 대로 사비에루 기념공원을 찾았다. 그리고 한참을 더 좁은 골목길을 걸어가자 그다지 크지 않은 현관문이 보였다. 겉으로 보기에는 이 안에 무슨 집이 있을까 싶은 좁고 작은 문이었는데 열린 문틈으로 슬쩍 보니 놀랍게도 오른쪽에 커다란 정원이 보였다. 보통의 일본 집 구조와는 다르게 매우 독특한 정원 형태를 보이는 집이었다.

사람을 부를까? 그냥 들어가 볼까? 잠간 망설이며 틈새를 보니 사람이 아예 살지 않는 집 같았다. 오랫동안 비워 두었는지 정원의 풀들은 거의 무릎 위에 닿을 만큼 자라 있고 정원 모퉁이의 나무들도 가지치기를 하지 않았는지 제멋대로 하늘 끝까지 머리를 올리고 있었다. 말 그대로 그냥 정글 그 자체였다. 생각해 보면 나무고 풀이고 간에 사람의 손길이 닿지 않는 것들은 참 희한하게 빨리 흐트러지고 빨리 거칠어진다. 세상 만물이 모두 그렇겠지만 사람의 손길, 사람의 애정이라는 것이 그렇게 중요하다. 언젠가 식물도 감정이 있다는 글을 읽은 적이 있는데, 약간의 과장은 있겠지만 그래도 늘 예쁘다, 곱다, 사랑한다, 소리를 들은 화초들이 더 잘 자란다는 여러 경험담을 생각해 보면 아주 틀린 말도 아닌 것 같다.

그리고 보니 일본어에서 언어가 '언엽'(나무의 잎)으로 불린다는 것이 새삼 놀랍다. 이것은 '말' 속에 들어 있는 어떤 실제적인 힘, '기'(氣) 같은 것을 인정한다는 뜻도 되는데 많은 식물이 그 '사랑한다, 예쁘다' 소리에 더 건강하게 자라는 것 역시 일종의 인간의 '기'를 받아서는 아닐까 갑자기 그런 생각이 들기도 한다.

어쨌든, 용기를 내서 문을 삐그덕 열어 봤다. 어, 그런데 사람이 있다. 순간 정지. 다시 보니 마당 저쪽 구석에서 어느 중년의 부부가 나란히 잡초를 뽑고, 베고 있는 것이다. 겉으로만 살짝 봐서 몰랐는데 그들은 아까부터 거기에 있었나 보다. 햇살이 화창하게 내리는 뜰이라 내가 순간 아무도 없는 것으로 착각을 한 것이다.

나이가 50대쯤으로 보이는 두 내외는 모두 키가 아주 컸다.

"스미마셴…." 조심스럽게 인사를 하고 주절주절 내 이야기를 늘어놓기 시작했다. 내가 야마구치의 테라우치 문고 옆에 있던 조선관을 찾고 있는데 마침 어느 공무점에서 이곳의 이야기를 듣고 찾아왔노라, 혹시 그것에 대해 들어 본 일이 있느냐 등등. 그런데 이 부부의 분위기가 뭔가 이상하다. 공무점에서 왔다는 얘기까지는 괜찮았는데 야마구치와 조선관을 말하자 갑자기 부부의 눈빛이 달라지고 묘하게 불안한 눈빛을 교환하는 것이다. 그리고 매우 단호하게 이렇게 말한다.

"그 회사는 여기 없습니다. ○○구미(組)는 이미 60년도 전에 문을 닫았습니다."

너무 단도직입적으로 말해 조금 당황할 정도였다. 그리고 이어지는 말. 그 당시의 회사 관계자는 현재 한 명도 살아 있지 않다는 것이다. "따라서 그 회사에 관한 것은 아무것도 모릅니다." 부부는 약속이라도 한 듯이 이렇게 말하고 바로 입을 닫았다.

왜지? 속으로는 너무도 단호한 이들의 태도가 오히려 이상했다. 그리고 더 의아했던 것은 그래도 그 회사에 대한 후속 정보를 알고 있다는 것이었다. 정말로 아무 상관이 없는 사람들이라면 회사가 문을 닫고, 회사 관계자가 현재 생존해 있는지 아닌지 그런 사실을 어떻게 아는가 말이다. 속으로 그렇게 질문들이 어지럽게 쏟아졌지만 나는 일단 "소우데스카(그렇군요)…"라고 고개를 끄덕일 수밖에 없었다.

그때 마당에 핀 사루스베리(サルスベリ, 백일홍)를 봤다. 붉은

꽃이 100일간 핀다고 해서 백일홍이라고 불린다는(사실은 꽃이 떨어져도 다시 올라와 여름 내내 새로운 꽃이 다시 그 자리를 대신하고 또 대신해 지지 않는 느낌을 주어서 생긴 이름) 이 꽃은 원래 한국에서는 '배롱나무(목백일홍)'로 불리는 나무꽃이다. 어떤 언어학자들은 이 '배롱'이라는 말이 백일홍→배기롱→배롱에서 왔다고도 하는데 일본에서의 '사루스베리'라는 말이 갖는 의미가 매우 재밌다. 이 말의 뜻이 '원숭이가 미끄러지는'이라는 뜻을 갖고 있기 때문이다. 사루(원숭이)+스베루(미끄러지다). 그 이유는 이 나무의 줄기 껍질이 미리 한 겹이 벗겨진 것처럼 미끌미끌해서다. 덕분에 원숭이가 미끄러질 정도의 나무라 해서 '사루스베리'라는 이름이 붙었다.

또 하나 중국에서는 이 나무를 파양수(怕痒樹) 또는 양양수(痒痒樹)라는 특이한 별명으로도 부르는데 덕분에 '간지럼 나무'라는 뜻을 갖게 되었다. 매끈매끈한 줄기 껍질을 살살 긁으면 간지럽다는 듯이 잎과 꽃이 흔들린다는 데서 나온 이름이다. 그래서인지 일본에서의 꽃말도 '웅변'과 '애교'다. 가지 끝에 핀 꽃들이 흔들리면 재잘재잘 수다를 떠는 느낌을 주고 앞서 말한 대로 간질간질 간지럽히는 부드러운 힘, 애교를 가졌다는 것이다.

그런데 놀랍게도 그 백일홍 덕분에 그날 나는 한껏 수다쟁이와 애교꾼 역할을 하게 됐다. 저절로 사루스베리의 어원부터 나무의 특징까지 이런저런 얘기를 나누다 보니 어느새 나도 정원 한 곳에 쭈그려 앉아 잡초를 뽑게 된 것이다. 이 나무는 어떻고 저 풀은 어떻고 한참을 그렇게 함께 '노동'을 하게 되자 부부는 현재 자신들이 구마모토에 살고 있는데 부모님께 물려받은 이 집을 팔려고 내놓았고 이렇게 가끔 시간을 내서 짐을 정리하고 풀을 뽑아 주러 온다는 이야기까지 쏟아 놓는다.

그 덕에 나도 한껏 수다쟁이 나무 아래에서 한국 드라마와 한국 음식에 대한 이야기를 전하기 시작했다. 특히 한국 드라마 중 당시로서는 이미 10년이 훨씬 넘은 〈겨울연가〉 이야기를 꽤 많이 했던 것 같다. 겨울연가 방영 당시 일본의 주부들에게 〈겨울연가〉와 '욘사마'는 모든 대화의 소재요 양념이었고 그것은 15년이 다 돼 가는 시점에서도 여전히 잊지 못할 행복한 '꿈'이었다. 나처럼 일본에 사는 한국인들에게는 한국에 대한 호감도를 높여 준 한류가 얼마나 감사한 일인지 모른다. 그렇게 차를 나누고 도시락도 얻어먹고 점심을 지나 시간은 오후로 들어가고 있었다.

3

창고 위, 거기 있었다

아침부터 따뜻하게 내리던 해가 오후로 들어서며 갑자기 어두워지기 시작했다. '수다나무' 아래에서 한참 욘사마 얘기를 하며 나눈 도시락도 다 비어 가고 이제는 일어나야 할 시간이다. 마침 빗방울도 똑똑 나뭇잎을 흔드는 것이 곧 큰비라도 쏟아질 기세다. 갑자기 변하는 날씨에 부부도 돌아갈 준비를 서두르는 통에 눈치 없는 객이 더 머무를 염치도 없었다.

"이제 가 봐야겠네요. 고마웠습니다." 몸을 일으켜 세우고 들어왔던 좁은 현관문으로 나가니 반나절의 연이라도 소중했는지 어느새 부부가 주차장까지 배웅을 해 준다. "괜찮습니다. 들어가세요." 괜히 더 미안해져, "이제 들어가세요" 아쉬운 인사말을 한 번 더 전하는데 남편 되는 남자의 눈빛이 조금 이상하다. 무언가 할 말이 있는 듯 입술을 달싹이는 것 같기도 하고 땅을 향해 머뭇거리던 눈동자가 갑자기 아내를 쳐다본다. 그렇게 소리 없이 부부의 시선이 오고 가더니 침을 꿀꺽 한번 삼킨다. 그리고 내놓는 한마디.

"저… 보여 줄 게 하나 있어요…."

그 순간까지도 몰랐다. 내가 무엇을 보게 될지, 무엇을 만나게 될지, 그 '운명'을 눈앞에 둔 순간에도 나는 아무것도 알지 못했다. 아니, 사실 무슨 짐작을 한다는 것이 불가능한 상황이기도 했다. 설마 그렇게 흩어진 풀들이 자리 없이 흩날리고, 오늘처럼 이렇게 내리는 빗줄기를 그대로 다 맞아야 하는 그런 집, 아무도 살지 않는 그 집에 그것이 있다는 것을 어떻게 상상이나 할 수 있겠는가 말이다. 덕분에 남자가 '보여 줄 것'이 있다고 했을 때도 순간적으로 떠오른 것은 사진이었다. '아, 옛날 사진 자료가 있구나.' 찰나로 드는 그 생각에 그저 빙긋 웃으며 말했다. "에? 소우데스카?"

걸어 나왔던 주차장을 다시 돌아 걸으며 부부의 얼굴을 곁눈으로 슬쩍 보는데 여전히 무언가 망설이는 듯한 표정과 굳은 결심의 입술이 묘하게 교차하는 것이 이상했다. 그때 드는 생각. '왜 저렇게 비장하지? 사진에 진짜 뭐가 있나?' 그저 숨겨진 몇 장의 사진이려니 짐작하고 있으니 두 사람의 지나치게 긴장된 표정이 조금 묘하기는 했다. 어, 그런데 현관문을 다시 들어가니 이번엔 아예 집 안으로 들어오라고 한다. 뭐지? 왜?

집은 교토의 다른 집들처럼 입구가 좁고 안으로 길게 뻗은 구조를 보였다. 거실 문을 여니 기다란 복도가 이어졌고 복도 끝에는 우리가 풀을 뽑던 앞 정원과 반대편의 또 다른 정원이 펼쳐졌다. 약간 한 걸음 정도 아래쪽에 위치한 그 반대편 정원으로 내려서자 아주 오래된 고메쿠라가 보였다.

고메쿠라(米倉). 일종의 창고 같은 쌀 곳간이다. 일본의 집들은 보통 나무로 지어지는 집들이 많은데 '고메쿠라'만은 사방의 벽을 흙으로 바르고 지붕까지 흙으로 덮는다. 그렇게 바른 흙 지붕 위에 다시 나무를 올리게 되는데 이것은 화재에도 살아남아야 하는 곡식을 보호하기 위해서다. 위의 나무는 타더라도 흙은 그대로 있어 사람의 목숨줄인 먹거리를 보호하고 흙벽 때문에 온도나 습도의 영향이 비교적 적어 간장 된장 따위를 보관하는 용도로도 쓰였다. 여기는 왜? 속으로 생각하면서도 도저히 이유를 알 수 없었다. 그런데 이유를 모르면서도 심장은 무섭게 뛰기 시작했다. 남자가 고메쿠라의 문을 열었다. 삐그덕. 오래된 나무문이 세월만큼 무거운 소리를 내며 어둠을 쏟아 낸다. 한 걸음, 두 걸음 들어서는데 처음엔 어둠 때문인지 아무것도 보이질 않았다. 하는 수 없이 잠깐 망막 속에 한 줌 어둠을 담듯 눈을 감았다가 다시 떴다. 그때 그가 말했다.

"여기 있어요. 여기 2층에 보여 주고 싶은 게 있어요."

남자가 핸드폰 라이트로 안을 비추며 가리키는 곳을 보니 위로 올라가는 가파른 계단이 보인다. 그리고 그 위에 무언가 있다. 그래 뭔가가 거기 있다. 옆으로 길쭉한 저것. 아주 커다란 무언가가 보였다. 허락을 받고 조심조심 계단을 올라갔다. 겨우 열 개쯤 됐을까. 많지 않은 계단을 올라가는데도 두 다리가 후들 흔들린다. 그 와중에 평온을 깨뜨린 침입자를 위협하는 거미줄 몇 줄이 얼굴에 달라붙고. 다른 때 같으면 놀라서 휘 휙 그 거추장스러운 것을 흩어 내는 빈 손짓이라도 할 텐데 그날 그 순간은 거미줄이 달라붙는지도 모르고 위로 올랐다. 현판이었다.

두꺼운 천장 대들보에 양쪽으로 매달린 현판이었다. 가로 4m, 세로 2m는 족히 돼 보이는 현판이 시간을 뒤로 돌리려는 듯 거꾸로 매달려 있었다. 그리고 검은색 바탕에 황금색으로 새겨진 세 개의 글자. 현판의 틀에는 빨간색과 초록색의 칠보 문양이 있어 이 것이 흔하게 볼 수 있는 현판이 아님을 말해 주고 있었다. 그런데 거꾸로 매달려 있어서인가 아니면 너무 가깝게 봐서 그런가, 한자 들을 읽을 수가 없다. 조금 눈의 힘을 풀고 천천히 살폈다. 그것을.

璿源殿.

'선원전'이었다.

사진 9 고메쿠라 2층에 매달린 현판

글씨를 쓴 사람의 낙관이 없어 누구의 글씨인지는 알 길이 없으나 세 개의 글자는 분명 '선원전'이었다. '비현각'도 '계조전'도 아닌

'선원전'이었던 것이다. 특히 이 선원전 현판이 매달린 고메쿠라 2층의 구석에는 작은 상자가 하나 있었는데 이 집 남편의 할아버지가 조선관 철거 현장에서 주워 온 것이라고 한다. 열어 보니 돌로 만든 짐승 모양의 조각이 하나 들어 있었다. 잡상(雜像). 우리가 경복궁에 가면 볼 수 있는 궁궐 지붕 처마 끝자락에 나란히 앉아 있는 그 '잡상'이었다. 궁궐 건축의 격을 보여 주기 위해 올려 둔다는 그 '잡상'이 상자 안에서나마 선원전 현판을 지키고 있었던 것이다. 모양으로 보아 잡상 중에서도 '이귀박'(二鬼朴) 같았다.

겨울부터 봄을 지나 여름. 근 5개월간 나타났다 사라지고, 다시 나타났다 사라지고…. 쉼 없이 희망과 절망을 안겼던 조선관의 실체가 드러나는 순간이었다. 그러나 두고 가야 한다. 아쉬움에 한 번 더 '그것'을 눈에 담고 그 집의 좁은 거실 복도를 다시 돌아 나와 앞 정원 그리고, 현관문. 힘든 결정을 내려 준 부부에게 감사를 표하며 전화번호를 물었다. "다시 연락드리고 싶습니다." 그러나 몇 번의 부탁에도 부부는 선량한 눈빛으로 미안하다며 끝내 번호를 알려 주지 않았다. 자신들의 존재가 알려지는 것을 원하지 않는다는 이유였다.

돌아 나오는 길, 빗줄기는 어느새 장대비로 변해 있었다. 그때 문득 선원전이 우는구나, 하는 생각이 들었다. 그 긴 시간 저 어두운 곳에 갇혀 있던 선원전이 고국의 사람, 한국 사람인 나를 보고 이 비로 우는구나, 목 놓아 우는구나, 그런 생각이 드는 것이다. 그리고 문득, 나도 울고 싶어졌다.

그날은 2016년 6월 15일 일요일이었다.

4

다시 보고 싶다, 이어진 야마구치행

어깨에 묻은 그날의 빗물이 말라 갈 즈음, 2주가 지났을까. 미뤄 두었던 이와야 사자나미(巖谷小波)의 '하이가 모음집' 출판이 완전히 결정되어 그 원고를 쓰면서 마침 구루시마 평전까지 도쿄의 출판사로부터 연락이 와 동시에 두 권의 책을 준비하게 되었다. 참고로 여기서 이와야 사자나미를 조금 알려 봐야겠다.

구루시마의 스승이기도 한 이와야 사자나미는 1870년생으로 1891년 아동문학가로 처음 등단한 이후 소설가, 수필가로 활동한 사람이다. 특히 일본의 유명한 정형시 하이쿠(俳句)를 잘 지은 시인으로도 유명한데(이 하이쿠를 짓는 이들을 '하이진(俳人)'이라고 부른다) 사자나미는 특히 동화에 빗댄 하이쿠에 그림을 그려 넣은 '하이가(俳画)'를 창작한 작가로도 유명했다. 하이쿠는 가령 이런 것이다.

긴 하루로다/창문에 붙어 서서/장맛비 보네
거북이 등아/만리 화창하구나/드넓은 바다

이처럼 총 17자, 5.7.5의 음수율로 짓는 하이쿠는 일본의 많은 지식인들이 일종의 사교 모임에서의 언어유희로 짓기도 하고 마을의 아이들도 쉽게 창작하며 즐기는 가히 전국민적 언어 놀이라고 보면 된다. 심지어 지금도 일본에서는 어린이들이 참여하는 하이쿠 대회가 정기적으로 열리고 있다. 바로 이 하이쿠에 스스로 그림을 그려 넣은 것을 '하이가'라고 하는데 언어적 감각과 회화적 감수성을 모두 갖춰야 가능한 작업이다. 바로 이 하이가의 대가로 꼽히는 이가 이와야 사자나미다. 그는 전국 각지에 자신의 하이가 작품을 널리 분포해 놓았고 특히 동요와 동화가 생각나는 하이가 작품을 많이 창작했다.

이와야 사자나미는 특히 앞서 소개한 구루시마 다케히코의 스승이면서 두 사람이 함께 전국을 다니며 동화구연을 했던 동화구연가이기도 하다. 일제 강점기 조선에도 방문해 동화구연을 한 기록이 있다. 그리고 우리나라와의 인연은 이것만이 아닌 한 가지가 더 있다. 그것은 소파 방정환이다. 이와야 사자나미(巖谷小波). 그의 이름의 뒷글자 한자를 읽어 보자. 맞다. '소파'다. 이 '사자나미'라는 글자는 한자로 쓰면 '소파'라 읽히는데 이게 바로 우리나라 아동 문학과 문화의 창시자라 할 수 있는 소파 방정환의 '아호'인 것이다.

실제로 방정환은 전국을 순회하며 구연 활동을 한 동화구연가이기도 한데 마침 1920년 9월 일본의 동양대학교로 유학을 오면서 이때부터 '소파'라는 아호를 사용했다고 한다. 이후 《개벽》《부인》《어린이》 등의 잡지에 발표한 많은 글에 '소파'라는 호를 사용하였다. 일본 아동 문학의 창시자라 할 수 있는 이와야 사자나미(巖谷小波)와 그의 이름의 일부를 자신의 아호로 사용한 조선의 아동 문학 창시자 방정환. 두 나라는 비록 식민과 피식민의 적대적 관계 속에 놓여 있었지만 이렇게 '어린이'를 사랑하는 이들의 마음은 하나로 연결돼 있었던 것이다.

 그 이와야 사자나미의 하이가를 모은 모음집을 나는 2016년 8월 《바람 빛나네》(온리 포 유)라는 제목의 책으로 한국에서 출간했다. 그리고 이 책을 준비하던 그 시기에 야마구치의 조선관을 찾아 헤맸고 드디어 그것이 경복궁의 '선원전'이었음을 알게 된 것이다.

 2주 전 빗속에서 선원전 현판을 보고 온 뒤 나는 계속 다시 야마구치의 그 집으로 갈 기회를 엿봤다. 해야 할 일들을 빨리빨리 처리하고 그 부부를 만나기 위해 사비에루 공원으로 향했다. 그러나 한참을 집 근처에서 서성여도 부부는 보이지 않았다. 구마모토에 산다고 했는데 주소라도 알아 둘 걸 그랬나 싶어 잠시 후회가 들기도 하고 한편 생각하면, 전화번호조차 공개하기를 꺼렸던 부부가 주소를 알려 줄 리 만무했겠다 싶어 아쉬움에 혼자 빙긋 웃기도 했다. 그렇게 한 두어 시간을 하릴없이 잠겨 있는 현관문 앞에서 문틈을 슬쩍 보다가 다시 공원 근처로 나와 이리저리 걸어 보기도 하고. 그럴수록 '선원전'이라 쓰여 있던 커다란 황금색 글씨가 점점 더 마음의 뿌리에서 자라는 느낌이었다.

 그리고 며칠 후 주중이지만 간만에 시간이 생겨 다시 또 야마구치 사비에루 공원 '그 집'을 찾았다. 그런데 이게 웬일? 주중인데 부부의 모습이 보인다. 그날처럼 정원 가득 자란 풀을 베고 있다. 알고 보니 부인이 자전거를 타다 손목을 다치는 바람에 몇 주간 재활을 하느라 찾아오지 못했다는 것이다. 그 와중에 주인의 손길을 잃은 풀들은 장맛비의 제약 없는 축복 속에 거침없이 하늘로 하늘로 키를 세우고 있었다.

주인 남자는 아무리 베어도 다시 또 이렇게 자라 있다며 혼잣말 같은 불평을 살짝 늘어놓았다. 그 말에 맞아요, 맞아요, 맞장구를 치듯 정원에 검은색 천을 두르는 것을 열심히 도왔다. 자주 올 수 없으니 아예 햇빛을 가려야겠다는 것이다. 덕분에 오늘은 원숭이가 미끄러진다는 '수다나무' 사루스베리가 아닌 햇빛에 대한 얘기를 한참 나누었다. 손으로는 열심히 검은 천을 덮고 나머지 풀을 정리하면서 "햇빛이 이렇게 힘이 셉니다" 우스갯소리를 하고 나는 그의 마음이 한 번만 더 열려 선원전 현판을 다시 볼 수 없을까 마음을 졸였다. 그런 와중에도 이 밝고 좋은 햇빛을 보지 못하고 무려 65년간 어두운 창고 속에 잠겨 천형의 세월을 보낸 그 현판이 다시 가여워지기 시작했다.

그 순간 무슨 용기에서였는지 넌지시 말을 건네 봤다. "한국에 기증해 주실 수는 없을까요…?" 그러자 남자는 물론 그의 아내까지 바로 얼굴색이 바뀌었다. 가당치도 않다는 듯 사색이 된 부부는 곧이어 이렇게 말했다. "그러면 우리가 문화재를 훔쳤다고 매도당할 것입니다."

그저 단순한 내 생각으로는 그들이 잘 보관해 준 것만으로도 모두가 고마워할 것 같았는데 정작 당사자들의 반응은 달랐다. 그러고 보니 일본의 문화 자체가 우리와는 많이 다르다는 것을 생각했다. 아무리 선의로 좋은 결과를 만들어 냈다 하더라도 그 과정에서의 일부의 흠이 보이면 결과는 사라지고 그 하나의 부족함으로 사회적 지탄을 받는 일들이 가끔 발생하기도 했으니 부부의 두려움과 걱정이 무엇인지 언뜻 짐작이 되기는 했다. 한편으로 한국에 대한 신뢰가 없구나 싶어 조금 쓸쓸한 마음이 들기도 했다. 결국 그날은 부부가 너무 민감해하는 통에 현판을 한 번만 더 보고 싶다는 말도 건네지 못하고 그저 열심히 풀만 뽑다 돌아왔다.

그리고 한 달쯤 지났을까. 8월 말, 주말을 맞아 다시 야마구치로 가 보았으나 그들의 모습은 보이지 않았다.

4장

가을에서 다시 겨울, 마지막 눈인사

1

그날 날씨가 너무 좋았다

'그 집' 주인 남자의 할아버지는 야마구치에서 증조할아버지와 함께 건축업을 했다고 한다. 'ㅇㅇ구미'가 그 회사였다. 야마구치에는 조선 총독을 하다 고국으로 돌아와 일본 총리대신을 맡은 테라우치 마사타케의 생가가 있었는데 이 테라우치가 조선 총독 시절에 조선에서 가져온 '조선관'이라는 건물이 있었다고 한다. 그런데 어느 날 큰 태풍으로 집중 호우가 내리고 결국 조선관은 그대로 무너져 버렸다고 한다. 그리고 마침 붕괴된 조선관의 잔해 철거를 의뢰받은 업자가 이 주인 남자의 증조할아버지였던 것이다. 주인 남자의 증조할아버지와 할아버지는 인부들을 모아 현장 해체 및 철거 작업을 진행했고 그 작업 중에 바로 이 선원전의 현판을 발견했다는 것이다. 당시 그의 증조할아버지는 이것이 매우 귀한 역사적인 물건 같다는 생각에 그냥 버리면 천벌을 받을 것 같은 경외심이 들었다고 한다. 그래서 일단 집으로 가져와 창고에 넣어 두었는데 혹시라도 다시 물에 젖는 일이 생길까 걱정되는 마음에 창고 2층 대들보에 매달아 놓았다는 것이다.

처음 방문해 현판을 보았던 그날 주인 남자가 들려준 이 얘기를 들으며 나는 매우 복잡한 심정이 되었다. 근 반세기가 넘는 시간 동안 야마구치의 이름 없는 어느 집 어둡고 조그만 창고에 잠들어 있던 조선 궁궐 경복궁, '무려!' '선원전' 현판의 운명이 너무나 가슴 아팠고 또 한편으론 경외심을 가져 준 어느 노인의 판단 덕분에 그래도 이렇게 구사일생 살아 돌아왔다는 것이 감사했다. 슬프고도 감격스러운 그 감정은 지금도 생생하다.

생각해 보면 '선원전'이라는 곳이 어떤 곳인가. 대대로 조선의 선원전은 궁궐 내에서 역대 왕들의 어진(초상화)을 봉안하고 제사 지내던 진전(眞殿)이었다. 물론 조선 전기에는 제향의 의식이 없었지만 후기 숙종 조에 들어 다시 기능이 부활하였다. 이후 고종 때 경복궁을 중건하면서 선원전도 새롭게 꾸며지는데 이때 영조부터 헌종까지의 어진이 봉안되고 때에 맞춰 제를 올리고 추모 의식을 행하곤 했다. 특히 고종 대에서는 임진왜란 등 국가의 위기 시절 이 선원전이 훼손되었던 일을 생각해 경복궁은 물론 창덕궁과 경운궁에도 따로 선원전을 지어 위기에 대비하기도 했다.

선원전은 그런 곳이었다. 나라의 혼과 정기가 모여 있는 곳, 조선조 왕들의 역사와 그 얼이 서려 있는 곳. 그런 선원전이, 그것도 조선의 정궁이라 할 수 있는 경복궁의 선원전이 어떤 경우에서인지 뜯기고 찢겨 먼먼 바다를 건너 침략자 일본이라는 나라에 '심어졌고' 이후 태풍에 다시 한번 붕괴의 아픔을 겪었으니 그 슬픔을 도대체 어떻게 표현할 수 있을지 모르겠다. 그뿐인가. 그것의 현판은 이후 65년간 햇빛 한 줌 없는 일본 어느 집 창고에 거꾸로 매달려 내 땅의 사람들을 기다리고 있었을 것이니 참으로 삼 일 밤낮 곡을 해도 모자랄 일이었다. 그나마 역사의 두려움을 알고 나름 잘 보관하려 애써 준 그 주인 남자의 할아버지가 새삼 고맙다. 주인 남자는 자신이 아주 어린 꼬마였을 때 몹쓸 장난을 치다 부모님께 걸려 그 벌로 창고에 갇힌 적이 있다고 말했다. 그때 우연히 2층을 올려다보았는데 갑자기 빛이 번쩍하는 커다란 물체가 매달려 있어 그게 너무 무서워 엉엉 울었던 기억이 있다고도 했다.

그 후 그의 증조부는 1958년에 돌아가시고 조부는 1981년에 세상을 떠났다고 한다. 부친은 얼마 뒤 외가가 있는 구마모토로 거처를 옮기게 됐고 덕분에 이 야마구치의 집은 친척에게 맡겨 관리해 왔다는 것이다. 이후 구마모토의 집은 장남에게 물려주고 이 야마구치의 집은 차남인 자신에게 물려주었다고. 구마모토로 온 가족이 이사한 뒤 야마구치의 이 집은 거의 돌아보지를 않았는데 당연히 창고 역시 수십 년간 열어 보지도 않고 그대로 굳게 닫아둔 채였다고 한다. 물론 조선관의 현판에 대해서도 가족 누구 하나 입 밖에 내는 일이 없었고 어쩌다 한일 관계가 악화될 때면 혹시나 저 현판 때문에 무슨 오해나 화를 입지나 않을까 늘 불안한 마음이 있었다고 한다. 그 때문에 주변의 누구에게도 현판에 대해 말한 적이 없고 자신들의 존재가 알려지는 것도 원하지 않는다는 것이다. 부부가 앞서 끝끝내 전화번호 하나 알려 주지 않았던 것도 이런 길고도 오랜 가족의 비밀을 지켜야 했기 때문이었다.

여름의 끝자락 8월, 그 허탈한 걸음을 뒤로하고 돌아온 뒤 가을의 초입새 9월로 들어왔다. 그날따라 하늘이 너무 파랗고 날씨가 좋았다. 나는 느닷없이 야마구치로 갈 준비를 했다. 계획에도 없던 일이었는데 그냥 걸음이 저절로 옮겨졌던 것 같다. 그리고 다시 보았다 그 현판을. 그런데 아뿔싸, 현판이 옮겨지려고 한다.

2

현판을 숨겨라!

그저 날씨가 좋아서, 그냥 마음이 움직여서 찾아온 또 한 번의 야마구치. 좁은 골목길 그 집 앞이 부산하다. 무슨 일이지? 골목 끝에서 바라본 광경에 갑자기 심장이 두근거린다. 왜? 불안한 마음이 들기 시작한다. 또 잃는 것인가? 가까스로 찾아낸 선원전의 모습을 또다시 잃는 것인가 싶어 심박수가 미친 듯이 오르기 시작한다. 뛰듯이 빠른 걸음으로 그 집 앞에 도착해 보니 온갖 짐을 담은 박스들이 어지럽게 널려 있고 4명의 남자들이 부산스럽게 안으로 밖으로 짐을 나르느라 정신이 없다. 그런데 정작 진짜 정신이 없는 사람은 나였다. 현판은? 현판은? 입술이 바짝 말라 가며 이 말을 막 뱉으려는데 마침 눈이 마주친 주인 남자가 나를 어딘가로 안내한다. 집에서 조금 떨어진 돌담이었다.

창고 정리를 위해 현판을 꺼내 놨다는 것이다. 두 번째 만남. 어둠이 아닌 햇살 아래의 만남. 내 나라의 역사의 한 장. 우리 역사의 증거. 왕들의 어진을 모셨던 그 얼과 혼의 집을 지키던 이름표. 그게 이 현판이었다. 인간은 언어로 사고한다고 하는데 나는 그 순간 알았다. 정말 너무 많은 사고, 생각이 뒤섞일 때는 차라리 언어조차도 사치라는 것을. 그리고 또 알았다. 심장이 뜨거워지는 것과 눈물은 시간차를 둔다는 것을. 65년의 어둠 속에서 강제로 잊혀야 했던 '뜯긴' 역사는 생각보다 더 눈물겨웠다.

사진 10 2016년 선원전 현판

그래도 이렇게 바깥에 나와 있고 다들 일하느라 바쁜 통에 나는 제법 오랜 시간 현판을 살필 수 있었다. 먼저 한 바퀴 천천히 돌아보았다. 어디 상한 곳은 없는가, 어디 흩어진 곳은 없는가, 이리 보고 저리 보고. 그런데 방금 전까지는 울컥하더니 눈에 한껏 담는 이 순간은 그냥 좋다. 울다 빙그레 웃음도 나오고. 그때 퍼뜩 드는 생각, '멀쩡하다!'.

생각보다 현판은 너무도 멀쩡했다. 집이 무너질 정도의 태풍이고 큰비가 왔다는데 정중앙 처마 아래에 걸려 있었을 현판이 어떻게 이렇게 멀쩡한가 말이다. 더구나 현판은 나무로 만들어져 있다. 만약 태풍이 불고 비가 오는 난리 통이었다면 떨어져 날아가고 부딪치고 산산조각이 났어야 정상인데 이게 무슨 일일까 싶다. 아니 산산조각까지는 아니어도 최소한 두 동강 정도는 났어야 정상인데 어떻게 이토록 온전한 형태를 그대로 유지하고 있는가 말이다.

더 놀라운 것은 구름 모양을 한 현판의 양쪽 다리였다. 그냥 보기에도 부러지기 쉬운 모양인데 아무리 둘러봐도 비와 바람에 상한 흔적이 없다. 다만 하나, '선원전'의 '전(展)' 글자 하나만 물에 잠겼는지 색이 검게 변해 있을 뿐 모든 것이 너무도 '멀쩡했다'. 기적? 아니다. 기적이라 말하기에는 무언가 석연치가 않았다. 혹시 걸지 않았던 것은 아닐까? 거기에 생각이 미치자 정신이 또렷해졌다. 그렇다. 테라우치는 조선관에 이 현판을 걸지 않았던 것이다. 그러고 보니 살펴본 조선관의 여러 사진에서도 현판의 모습이 없었다. 아! 그렇다. 모든 사진에 현판이 없었다. 내가 왜 이 사실을 이제 깨달았을까. 순간 소름이 돋았다. 특히 조선관을 방문한 사람들의 기록 중에서도 현판에 대한 언급이 전혀 없었다. 만약 현판이 걸려 있었다면 앞서 조선관을 방문하고 꼼꼼하게 방문 내용을 일기 속에 기록해 두었던 육군 대장 이구치 쇼고(井口省吾) 같은 사람이 그 현판에 적힌 이름을 거론하지 않았을 리 없다. 물론 이구치만이 아니라 그 누구도 현판에 적힌 '선원전'이라는 이름을 말한 사람이 없었다.

만약 보통의 현판처럼 건물 바깥에 걸지 않고 건물 내부에 걸었거나, 내부에 어떤 형태로든 볼 수 있도록 보관을 했다면 가족이나 방문자 그 누군가는 분명 기록을 남겼을 것이다. 실제로 테라우치의 아들 히사이치만이라도 알고 있었다면 굳이 바깥에 '비현각'이라는 안내판을 내걸지는 않았을 것이다. 그렇다면 테라우치는 왜 아들도 모르게 이 현판을 그렇게 꽁꽁 숨겨 두었을까. 결국 테라우치가 현판을 숨겼다는 가설이 여기서 세워진다. 왜 그랬을까.

조선에서 야마구치로 이건할 당시에도 사람들 눈에 띄지 않도록 은밀히 가져왔을 것이고 야마구치에 도착해서는 특별히 튼튼한 나무 상자를 이중으로 만들어 그 속에 현판을 넣은 뒤 어딘가 비밀 공간에 보관해 두었을 공산이 크다. 그러나 역사의 아이러니로 그가 그렇게 철저히 숨기고자 했기에 오히려 건물이 다 부서지는 악천후 속에서도 이 현판만은 살아남았다.

그나저나 새삼스럽게 더 궁금해졌다. 테라우치 총독은 왜 이 선원전을 가지고 왔을까. 다른 크고 작은 전각들도 있었는데 하필이면 왜 이 선원전인가 말이다.

이삿짐을 꾸리는 남자들이 얼추 일을 정리하고 짐을 거의 다 실어 가고 있다. 나는 용기를 내어 부부에게 말했다. "혹시 현판을 처분할 생각이시라면 저에게 파실 수는 없을까요?" 그러나 주인 남자는 아직은 팔거나 처분할 생각이 없다며 가족들과 상의는 해 보겠다는 뜻을 전했다.

일하던 남자들은 마지막으로 현판을 낡은 이불로 싸고 그것을 다시 파란색 비닐로 겹겹이 싸서 4명 모두가 마치 관을 옮기듯 조심조심 집 옆 창고 구석에 세워 두었다. 나는 그 마지막 모습을 보고 유후인으로 돌아왔다.

3

일상과 야마구치의 반복

 부부가 이삿짐을 꾸리던 그날을 마지막으로 더는 현관을 보지 못했다. 돌아오던 길에도 혹시 어떤 움직임이 생기면 꼭 전화를 달라 부탁했는데 결국 전화는 오지 않았다. 그해 가을과 겨울은 이런저런 자료들을 정리하고 원고 집필로 다시 바쁜 일상으로 들어가기 시작했다. 그리고 드디어 새해, 2017년을 맞았다. 1월에는 구루시마 다케히코 기념관 개설 본부를 설치하고 4월에 드디어 기념관을 오픈했다. 나는 구루시마 다케히코 기념관의 초대 관장으로 취임했다.

 생각해 보면 꿈같기도 하고 무슨 기적 같기도 하다. 처음 그저 유행처럼 일본어과를 선택한 한국 지방대학의 여학생이 무작정 일본으로 넘어와 석사와 박사 학위를 따고 다시 그 논문으로 일본 현지인들도 모르는 구루시마의 삶을 알리려 몇 년을 강연과 교육으로 땀을 흘리고. 이어 지역의 여론을 움직이고 사람들을 모아 드디어 기념관을 열게 된 것이다. 심지어 38세의 나이다. 사실 한국도 그렇지만 일본 역시 무슨무슨 협회 또는 이런 기념관 등이 생기면 보통은 퇴직 공무원이나 최소 60세는 넘은 사람들이 관장의 자리에 앉는 것이 일반적이다. 그런데 40세도 안 된 젊은 여자 그것도 한국인 여성이 군립박물관으로 등록한 기념관의 초대 관장이 됐으니 일본 현지가 들썩들썩할 만큼 제법 크게 대서특필이 되기도 했다. 덕분에 많은 방송국, 신문사들과 꽤 여러 번 인터뷰를 갖게 됐다.

기회가 됐으니 여기에 우리 구루시마 다케히코 기념관을 조금만 소개해 보자.

후쿠오카 시내에서 고속버스를 타고 1시간 반만 달리면 오이타 현의 구스 마을이 나온다. 인터체인지를 빠져나오면 '일본의 안데르센'이라 불리는 구루시마 다케히코의 기념관으로 가는 노란색 커다란 이정표가 보이는데 거기서 5분만 더 달리면 도착한다. 먼저 기념관 입구에서 신발을 벗고 들어오면 두 팔을 활짝 벌리고 방문객을 맞이하는 구루시마 다케히코의 웰컴월(Welcome wall)을 만나게 된다. 여기서부터 각기 다른 테마로 꾸며진 10개의 방을 돌아볼 수 있다. 이어서 구루시마 정원이 한눈에 내다보이는 휴게실을 지나 '구루시마 선생님을 배우는 방'으로 들어가게 되는데, 여기서는 스크린을 터치해서 구루시마의 실제 동화 구연 육성과 구루시마가 만든 동요를 직접 들어 볼 수 있다. 그 외에도 '이야기 방', '일본을 여행하는 방' 등이 이어지는데 여러 방 가운데 내가 자랑하고 싶은 방 하나가 있다. 이 코너는 특별히 내가 더 고집을 부려 가며 만든 방인데 어른들은 반드시 아이처럼 작은 키를 만들어 한껏 수그려야만 들어갈 수 있다. 모두가 동심으로 돌아가는 느낌을 만들기 위해 만든 '세계를 여행하는 방'이다. 이렇게 다양한 볼거리가 많이 있으니 한국에서도 많은 이들이 아이들의 손을 잡고 방문해 줬으면 하는 바람이 있다.

어쨌든 4월에 개관한 이 기념관으로 인해 여름과 가을 내내 더는 야마구치를 찾아가지 못하고 있었다. 그러다 11월쯤 들어 혹시나 싶은 마음에 야마구치를 찾았으나 부부를 만날 수는 없었다. 그런데 처음과 마음이 조금 달랐다. 조선관의 행방을 찾지 못해 애면글면하던 그 초기의 마음과는 다르게 그저 한 번 더 봤으면 하는 마음일 뿐 어떤 조급함이나 갈증이 느껴지지는 않았다. 물론 부부의 연락처도 없고, 어디로 갔는지 정확한 주소도 알 수 없는 상황이라 그것이 조금 걱정되기는 했지만 희한하게 어떤 식으로든 꼭 다시 현관을 만날 것이라는 막연한 희망이 있었다. 그러나 그것은 나의 오만이었다.

그해 겨울을 보내고 2018년 다시 찾은 야마구치. 놀랍게도 그 집이 사라지고 없었다. 집이 철거된 것이다. 이사를 갔어도 집은 늘 그곳에 있을 것이라 믿었는데 아예 텅 빈 집터만 남아 있는 것이었다. 처음 테라우치 문고를 찾아갔다 만났던 조선관의 빈터처럼, 그렇게 아무 흔적도 없이 또 한 번 사라져 버린 것이다. 평. 다시 꿈을 꾸는 기분이 들었다.

그날은 헛헛한 마음에 괜히 남의 집 빈터에서 땅을 한번 툭툭 차 보고 고메쿠라가 있던 쪽을 오래도록 쳐다보고, 그렇게 하릴없이 마당을 빙빙 돌다 돌아왔다.

4

테라우치를 알아보자

　기록을 하자. 기록을 해야겠다. 1년여간 조선관을 찾아 헤맸던 모든 과정과 시간을 한번 제대로 기록해야겠다는 마음이 들었다. 특히 1900년대 그 테라우치의 시간들을 조금 더 세밀히 추적해 보고 싶었다. 그는 어떤 사람이고 하고많은 경복궁의 전각 중에 왜 하필 선원전인지, 왜 그렇게 무서울 정도로 철저히 그것의 이름을 숨기고 익명의 '조선관'으로 불리게 했는지 알고 싶었다.

　그러나 정말로 궁금했던 또 하나는 도대체 어떤 과정을 통해 조선을 건너 이 일본 땅까지 올 수 있었는가 하는 것이다. 물론 날아가는 새도 떨어뜨린다는 권력의 최고 정점 조선총독부 초대 총독이며 일본의 총리대신까지 역임한 사람이니 못 할 일이 없었겠지만 내가 정말 궁금했던 것은 그 조선관 이건에 대한 기록이 하나도 없다는 것이다. 기록. 실제로 야마구치의 조선관은 그것이 이건되는 과정에 대한 기록도 없다. 오로지 있는 것은 마술처럼 어느 날 아침 '짠' 하고 나타난 기록, 마치 늘 그곳에 있었던 것 같은 묘사밖에 없다. 이 모든 것의 이유를 알기 위해서는 테라우치를 알아보는 수밖에 없다. 그가 어떤 인물인지, 어떤 성장 과정을 겪었는지, 일제 강점기 무단통치 시대를 연 희대의 독재자이지만 숨겨졌던 어떤 측면이 있는지 알아볼 필요가 있다.

참고로 그에 대한 묘사는 오래전 나온 류주현의 소설 《조선총독부》에 상당히 자세한 내용이 담겨 있는데, 소설이면서도 소설 이상의 사실적 고증이 잘된 내용으로 연구자들은 물론, 이후 다른 창작물에서도 여러 방면으로 응용된 작품이다. 특히 이 소설은 1964년 처음 월간지 《신동아》에 연재되었다가 이후 3권의 단행본으로 출간되었는데 60년대 출간물이 지금까지도 판매되고 있는 그 자체로 하나의 역사를 이루고 있는 말 그대로의 대하소설이다.

이 외에도 테라우치에 대한 논문들은 적지 않게 살펴볼 수 있는데 여기서는 그 모든 것들을 살펴 그의 생애 전반을 한번 짚어 보고자 한다. 들어가 보자.

5장

선원전을 훔친 테라우치 마사타케

1

테라우치 마사타케, 그는 누구인가

　현재의 야마구치 대학에서 1km 정도 떨어진 곳에 요시키군(吉敷郡) 히라카와무라(平川村)라는 마을이 있었다. 그 마을의 작고 허름한 초가집에서 1852년 2월 5일 한 사내아이가 태어났다. 우타다 쇼스케(宇多田正輔)와 타케코(猛子) 부부의 둘째 아들이 요절한 뒤 셋째 아들로 태어난 그 아이에게는 오래 살라는 뜻으로 목숨 수(寿) 자를 넣어 '고토부키자부로(寿三郎)'라는 이름이 지어졌다.

　몇 년 뒤, 1859년 8월 29일 옆 마을인 미야노무라(宮野村)에 살던 테라우치 칸에몬(寺內勘右衛門)이라는 타케코의 남동생이 대를 이을 자식이 없이 죽었는데 그 집에는 칸에몬의 홀어머니만 남겨지게 되었다. 하는 수 없이 그해 12월 5일 일가친척이 상의한 결과 그 집의 대를 잇기 위해 타게코의 아들 고토부키자부로를 그 집의 양자로 올리기로 한다. 이때부터 그의 성은 테라우치가 되었다. 그러나 외할머니만 있는 적적한 테라우치 집으로 7살 난 아들만 보낼 수 없었던 우타다 부부는 장남까지 데리고 테라우치 집으로 옮겨 가 다 같이 살게 되었다. 이후 히라가와 마을의 생가는 오랫동안 비워져 있다가 그 뒤 다른 이의 소유로 넘어간다.

한편 일본은 도쿠가와 이에야스(德川家康)가 전국 시대를 종결시키고 에도 막부를 세운 1603년 이후로 200년 넘게 에도 막부의 지배하에 있었다. 그러나 1853년 미국의 페리 제독을 선두로 한 서양 열강들의 압력으로 인해 불평등 조약을 맺고 이로 인해 하급 무사들 사이에서는 천황을 받들고 외세를 물리치자는 존황양이(尊王攘夷) 사상이 퍼져 나갔다. 테라우치가 태어난 야마구치는 당시 조슈번(長州藩)에 속해 있었는데 이들은 이토 히로부미(伊藤博文) 등의 유학생을 통해 서양의 문명을 발 빠르게 접한 덕분에 서양 문물을 받아들여 세력을 키워야 한다는 주장을 펼쳤고 시대에 뒤떨어진 막부를 타도하자는 '토막파(討幕派)'의 세력이 우세했다.

이렇듯 여러 세력이 대결하는 상황 속에서도 일본의 막부는 1865년부터 본격적으로 일본의 근대화를 추진시켰다. 프랑스의 지원을 받아 군대에 서양 무기와 서구식 훈련을 도입한 것이 그 첫 번째다. 또 조슈번에서는 출신 계급에 상관없이 인재를 등용하는 개혁을 실시했는데 서양 무기와 서양식 조직 체계를 도입해 비정규군을 육성했고 농민의 입대를 허용했다. 사실 도요토미 히데요시(豊臣秀吉)가 일본을 통일하고 도쿠가와 이에야스가 에도 막부를 세운 이래로 250년 넘게 농민이 무기를 소유하거나 군사훈련을 받는 일은 허락되지 않았던 상황을 생각해 보면 조슈번의 이 농민 입대 허용은 당시로서는 대단히 파격적인 개혁이었다. 이렇듯 사무라이, 농민, 상인 등의 신분을 가리지 않고 결성된 '기병대'는 조슈번의 커다란 동력이 되었다. 그리고 이러한 시대의 흐름을 타고 테라우치도 13세가 되던 해에 무사 계급의 최하위 격인 아시가루대(足輕隊) 즉 보졸 부대에 입대했다.

조슈번은 사쓰마번(薩摩, 현재의 가고시마)과 동맹을 맺고 에도 막부 타도에 앞장섰다. 그렇게 1867년 12월에 에도 막부가 무너지고 메이지 새 정부가 수립되면서 일본의 근대화를 연 메이지 유신이 막을 연다. 하지만 친막부 세력인 다이묘(大名)들은 저항을 계속했고 1869년까지 내전이 이어졌다. 테라우치도 '토막파' 군대의 일원으로 북진하여 1869년 5월 홋카이도(北海道)의 하코다테(函館) 고료카쿠성(五稜郭城)을 함락시키는 역사적인 현장에 있었다.

테라우치는 그 후로도 군대에서 탈영병 진압의 임무를 수행하며 18세에 하사관 계급의 일종인 군조(軍曹)로 진급했다. 다음 해 8월에는 육군 보병 소위가 된다. 그리고 석 달 뒤인 11월 '테라우치 고토부키자부로(寺内寿三郎)'에서 '테라우치 마사타케(寺内正毅)'로 개명했다. 이어 육군 보병 중위, 대위를 거쳐 23세에 육군 사관학교 생도 지령 부사가 되고 같은 해 7월 타니(タニ)라는 여성과 결혼했다.

사진 11 중위 시절 《元帥寺内伯爵伝》

사진 12 첫 번째 부인 타니 《元帥寺内伯爵伝》

메이지 유신에서 9년이 지난 1877년 2월, 세이난(西南) 전쟁이 발생했다. 메이지 정부의 근대화 정책에 동조하지 않는 사무라이들이 사쓰마번에 모여 반란을 일으킨 것이다. 테라우치는 메이지 정부의 보병부대 중대장으로 반란군을 진압하기 위해 출전했다.

테라우치가 향한 구마모토현(熊本縣)의 다바루자카(田原坂)는 대단히 불리한 지형으로 3월 11일부터 6일간 쉴 새 없이 격전이 벌어졌다. 그리고 3월 17일 새벽 총공격 명령이 떨어졌다. 테라우치는 최전선에 서서 오른손에 쥔 군도를 휘두르며 돌진했다. 그 순간 적의 총탄이 오른팔을 관통해서 오른쪽 팔꿈치 뼈를 박살 냈다. 군도가 나가떨어졌다. 오른손이 움직이지 않아 왼손으로 군도를 주우려는 순간 또 한 발의 총알이 날아와 이번에는 오른쪽 쇄골을 관통했다. 군복이 순식간에 붉게 물들었다. 테라우치는 그제야 자신이 총상을 입었다는 사실을 깨달았다고 한다. 그러나 당장은 응급 처치만 가능해 4월 10일이 되어서야 겨우 오사카 임시 병원으로 옮겨져 수술을 받을 수 있었다.

오른팔은 절단할 정도로 상처가 심각했다. 다만 천운으로 이시쿠로(石黒) 병원장의 감독하에 사토 스스무(佐藤進) 박사가 집도하여 다행히 절단만은 피할 수 있었다. 그럼에도 테라우치의 오른팔은 다시는 움직이지 않았다. 그때 그의 나이는 25살. 군인으로서는 치명적인 장애가 아닐 수 없었다. 그러나 그는 제대하지 않고 10월에 도쿄로 돌아와 육군사관학교 교관으로 복귀했다. 이때부터 테라우치는 왼손으로 경례를 하며 군인 생활을 이어 나갔다. 다만 전쟁에 참가하는 현장 경험은 세이난 전쟁이 마지막이 되었다.

이런 육체적 핸디캡을 안고도 테라우치는 훗날 일본의 육군대신, 내각 총리대신의 자리까지 올랐으니 어떤 의미에서는 지독할 만큼 매서운 노력형 인간임을 알 수 있다. 또 그만큼 냉정하고 독한 기질도 많아 조선 땅에 첫발을 디디던 당시와 후의 그의 세평은 이랬다.

> "그는 일본군부에서는 '뱀'으로 통하는 장주파(長州派)의 육군대장(으로), 그 지모가 구렁이 같고, 그 처세가 살모사 같고, 그의 비정이 독사 같다는 데서 이르는 중평이었다" (류현재《조선총독부》중 일부)

성격적 특징으로는 유난히 꼼꼼하고 깐깐한 구석이 많아 같은 조슈번 출신으로 대만 총독, 육군대신, 내무대신을 역임한 고마다 켄타로(児玉源太郎)는 테라우치를 두고 "나처럼 도장을 마구 찍는 사내와는 달리 첫 장부터 마지막 장까지 꼼꼼하게 다 읽기 전까지는 무슨 일이 있어도 결재 서류에 도장을 찍지 않는 사내"라고 평하기도 했다. (《東亜先覚志士記伝》下巻)

실제로 테라우치는 서류를 구석구석까지 다 읽으면서 파란색 연필로 꼼꼼하게 체크하는 완벽주의자로, 모든 일을 질서 있게 처리해 나가는 성격이었는데 자타 모두에게 지나치게 엄격해서 융통성이 없다고 야유를 받기도 했다.

'한일 강제 병합' 당시에도 이런 성격은 그대로 드러나 이토 히로부미의 뒤를 이어 조선에 오자마자 매우 꼼꼼하게 사태를 주도 했는데 특히, 시작부터 들이미는 방식이 아닌 매국노라 불리는 이들을 미리 몰래 불러 병합조약을 모의했던 것은 유명한 역사적 사실이다. 이때 이 비밀회의에 참석한 자들이 이완용과 농상공대신 조중응 등 친일파 대신들이었다. 이렇게 사전에 철저한 준비를 마친 후 순종 앞에서 형식상의 어전회의를 열고 뒤로는 이완용과 양자 간 첫 한일병합 조인식을 가졌던 것이다. 이완용과는 이런 인연 때문인지 그해 10월 1일 정식으로 조선 총독으로 취임하기 하루 전날 '이완용 피습 사건'을 벌였던 조선의 이재명 열사를 사형시키기도 했다. 말 그대로 피와 죽음으로 조선총독부의 첫날을 연 것이다.

한편 테라우치의 사진을 보면 오른쪽 팔을 감추듯이 비스듬하게 옆으로 서 있거나 앉은 자세가 많다. 검을 쥐는 것도, 담배를 쥐는 것도 왼손만을 사용했다. 물론 오른손으로 모자나 장갑 같은 물건을 가볍게 쥔 듯한 사진도 있으나 움직임이 없는 기념사진일 때뿐이다. 이런 것을 보면 꼼꼼하고 당당한 듯 행동하면서도 은근히 자신의 신체적 결함에 대해 늘 의식하고 있었음을 알 수 있다. 그토록 높은 지위에 있었으면서도 장애를 숨기려 했으니 말이다.

사진 13 중앙이 테라우치(야마구치 현립대학 소장)

조선으로 오기 전 1878년, 테라우치는 12살로 육군사관학교에 입학한 황족 칸인노미야(閑院宮)의 교육을 담당하게 되었다. 칸인노미야는 테라우치를 스승처럼 의지하며 따랐고 1882년에 프랑스 파리로 유학을 떠날 때는 테라우치를 수행원으로 동행하도록 했다. 에펠탑이 설치되기 7년 전에 테라우치는 프랑스로 떠나 유럽을 경험하게 된 것이다. 일본은 육군을 프랑스식으로, 해군은 영국식으로 만들려고 했기 때문에 테라우치에게는 천재일우(千載一遇)의 기회였다.

1884년 3월 26일에는 사관학교장이자 육군 중장이던 미우라 고로(三浦梧楼)도 참가한 15명의 유럽 시찰단이 나폴리에 도착했는데 이때 테라우치가 마중을 나갔다. 민비 시해 사건이 있기 10년 전의 일이다. 2주 동안 이탈리아를 함께 시찰한 뒤 4월 11일에 테라우치는 혼자 파리로 돌아왔다. 이해 12월 4일 조선에서는 갑신정변이 일어나 김옥균과 박영효 등이 일본으로 망명했다. 유럽 시찰단은 다음 해 1월 25일에 일본으로 돌아갔다. 또한 1884년 10월 12일에는 당시 2등 군의관이었던 모리 오가이(森鴎外)가 독일 유학을 떠나 베를린에 도착했는데 테라우치는 베를린까지 마중 나가 모리 오가이를 만났다. 그 이후로도 테라우치는 파리와 영국에서 대포 주문으로 분주한 나날을 보낸 뒤 독일을 시찰하고 1886년 1월, 3년 3개월 만에 일본으로 귀국했다. 이때의 프랑스 체류로 테라우치는 프랑스 정부로부터 5등 훈장에서 2등 훈장까지 총 4번의 훈장을 수여받았다.

사진 14 맨 뒷줄 오른쪽에서 세 번째(야마구치 현립대학 소장)

일본으로 귀국한 테라우치는 육군대신 비서관, 임시 육군 제도 심사원 등을 겸임하며 오른쪽 팔의 장애를 안고 주로 사무직 일을 맡으며 육군의 근대화를 주도해 나갔다. 특히 현재의 도쿄 신주쿠(新宿)에 있던 도야마(戶山) 학교의 차장이 되어 프랑스식 육군교육을 도입하기도 했다. 1887년 6월에는 육군사관학교의 교장 대리로 임명되었는데 중사였던 당시의 테라우치의 계급으로 본다면 상당히 이례적인 발탁이라고 할 수 있다. 테라우치에 대한 일본 정부의 신임이 상당했음을 알 수 있는 대목이다. 이어 같은 해 11월에는 대사로 승격된 뒤 정식으로 육군사관학교의 제9대 교장으로 임명된다.

교장이 된 테라우치는 프랑스식 군대 예법을 도입해서 유교적인 예가 아닌 서양의 매너를 중시하는 교육을 실시했다. 당시 테라우치가 직접 작성해서 생도들에게 나눠 준 '매너가이드북'이 있는데 내용은 다음과 같다.

> 경례: 외국인과는 오른손으로 악수를 할 것, 실내에서는 모자를 벗을 것.
> 복장: 자신의 자격이나 신분을 나타내는 복장을 장려하고 두발과 수염을 청결하게 관리할 것, 화려한 복장이나 장신구는 도리어 촌뜨기로 보일 수 있으니 주의할 것. 셔츠는 흰색, 구두는 자기 발에 맞는 광택 나는 가죽 구두가 좋음.
> 방문 및 명함: 타인의 집을 방문할 때는 흰색 두꺼운 종이에 자신의 성과 이름을 인쇄한 명함을 지참하고 주인과 부인이 있을 경우에는 두 장의 명함을 건넬 것. 방문은 오후가 좋고 식사 시간은 피할 것.
> 접대: 지위가 높은 사람이나 여성에게 지위가 낮은 사람이나 남성을 소개할 경우에는 먼저 지위가 높은 사람이나 여성에게 양해를 구한 뒤에 지위가 낮은 사람이나 남성을 소개할 것. 레이디 퍼스트를 엄수할 것.

대화: 상대방을 즐겁게 만드는 것이 중요함.

연회: 얼음과자를 먹을 때의 숟가락 사용법에 주의할 것. 씨가 있는 과일을 먹을 때는 씨를 입에 넣지 않도록 주의할 것.

흡연: 사람이 많은 장소에서는 담배를 피우지 말 것. 유럽 각국에서는 여성이 있는 곳에서 담배를 피우는 일은 무례한 행동이니 주의할 것.

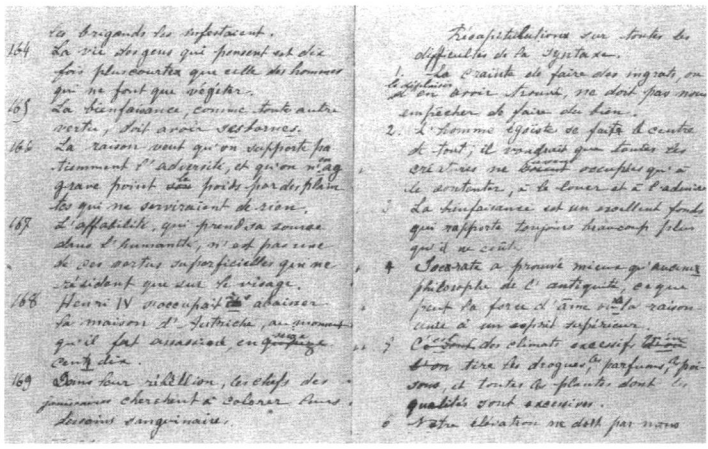

사진 15 테라우치가 프랑스 체류 중에 쓴 수첩 《元帥寺内伯爵伝》

철저히 서양식 군대를 양성하기 위해 훈련은 물론 일상생활까지 서양의 방식을 도입하려 한 것인데 그래서인지 이 당시 사관학교 학생들은 식사도 양식으로 했다고 한다. 그러나 돌이켜 생각해 보면 일본의 이런 친양(親洋), 숭양(崇洋) 정책들과 이른 관계 형성이 이후 조선의 강제 병합이라는 폭력적 국제 사태를(서양의 입장에서는) 유럽 나라들이 애써 눈감게 하는 단초가 되지는 않았을까 싶기도 하다. 일본은 이미 이렇게 서양과의 관계를 미리 형성하고 있었으니 말이다.

테라우치는 또 철저한 원칙주의자라는 소리도 들었는데 그와 관련된 일화가 앞서도 소개한 구로다 코시로(黒田甲子郎)와 관련된 얘기다. 사관학교 졸업식 전날 구로다는 술에 취해 나무 위에 올라가 내려오라고 지시하는 군대장에게 오줌을 쌌다. 이 일로 교장인 테라우치는 다음 날 구로다를 졸업식장에 불러 그 자리에서 퇴학 처분을 내렸다. 그 뒤 구로다는 신문사에 취직해 종군 기자가 되었는데 1907년, 러시아로 출발하는 가쓰라 타로(桂太郎)를 배웅하기 위해 신바시(新橋)역에 나갔던 테라우치를 우연히 만나게 된다.

"요즘은 뭘 하며 지내나."

"백수입니다."

"그러면 안 되지. 따라오게나."

이렇게 몇 마디 대화를 나누고 테라우치는 구로다를 자신의 사설 개인 비서로 고용했다고 한다. 초대 조선 총독으로 부임했을 때도 구로다를 총독부 관저에 살게 했는데, 사관학교를 불명예스럽게 퇴학당했던 불량 학생이 세월이 흘러 최측근이 된 것이다. 테라우치가 사망한 뒤 평전을 집필한 것도 이 구로다였다. 앞서 현존하는 가장 오래된 조선관의 사진(1920)을 소개했는데 그 사진을 남긴 이도 바로 이 개인 비서 구로다다.

테라우치는 이 시기 15년을 같이 산 부인 타니가 아이 셋을 남기고 병사한 뒤 다음 해 타키(タキ)와 재혼했다. 또 육군 제1사단 참모장으로 임명되어 제2차 이토 히로부미(伊藤博文) 내각의 출범을 함께하면서 곧 참모 본부 제1국장으로 승진한다.

사진 16 둘째 부인 타키《元帥寺内伯爵伝》

김옥균이 상하이에서 암살되고 4개월 뒤인 1894년 7월 청일전쟁이 발발했다.

이때 테라우치는 청일전쟁에 관련된 철도, 선박, 전신, 우편 등을 감독하고 군사 전략을 지도하는 운유 통신 장관에 임명되었다. 다음 해에 미우라 고로가 주한 공사에 부임하고 한 달 뒤에 민비가 살해되는 을미사변이 발생한다. 이 시기 테라우치는 1896년 6

월부터 1년간 유럽 각지를 돌아다니며 다시 한번 유럽의 군사제도와 신식 무기들을 시찰하는 기회를 얻는다. 귀국 한 달 뒤에는 보병여단장으로 센다이(仙台)에 부임했다.

조선에서는 고종이 황제에 즉위하고 국호를 조선에서 '대한제국'으로 바꿨다.

1898년 1월, 테라우치는 초대 교육 통감에 취임한 이래 육군사관학교, 포공학교, 사관학교, 중앙 지방 유년학교, 도야마 학교, 교도단, 장교 시험 위원을 두루 겸하며 이미 군 지도자 중에서 가장 중요한 인물 중의 한 사람이 되어 있었다. 이후 1902년 3월 27일에는 육군대신에 임명돼 1911년 8월 30일까지 무려 10년간이나 제7대 육군대신을 역임했다.

이 시기 테라우치는 전임 육군대신이었던 고다마 겐타로의 아들 고다마 히데오(児玉秀雄)와 자신의 큰딸 사와코(沢子)를 혼인시켜 고다마 집안과는 사돈이 되었는데 친인척의 자리 나눠 주기인지 고다마는 테라우치를 육군대신에 추천하고 그 자리에서 물러난다. 사임 후 고다마는 고향인 야마구치로 돌아가 '고다마 문고(児玉文庫)'라는 야마구치 최초의 개인 도서관을 열었고 테라우치도 73권의 귀중본을 기증하며 협력한다. 이때부터였을까, 테라우치도 본인의 도서관을 꿈꾸게 된다.

당시 일본 정부는 재정이 무척이나 궁핍했다. 가쓰라 타로 수상이 국가 운영 자금을 만들기 위한 행정 구역 정리의 일환으로 후쿠오카현(福岡県)과 히로시마현(広島県)에 분할하는 형식으로 야마구치현을 폐지해 버리자는 법안을 제출하려고 했을 정도로 재정 상태가 좋지 않았다. 이 소식을 들은 야마구치현에서는 폭동이 일어났다. 특히 러일전쟁 여부를 두고도 이런 혼란스러움이 끊이지 않았다. 결국 러일전쟁을 감당하기에는 부담이 크다고 판단한 테라우치는 러일전쟁에 소극적인 입장을 고수하며《요미우리》신문에 다음과 같은 코멘트를 남겼다.

> "그리 소란 떨 것 없다. 소련과의 전쟁이 쉽게 될 리가 없다. 다들 옛날 그림책이나 보고 앉아 있으니 전쟁이라는 것이 재미있고 간단할 것이라고 생각하지만 실상은 그렇지 않다. 병사를 움직인다는 것은 여간 큰일이 아닐 수 없다." (《요미우리》신문, 1903년 10월 9일)

하지만 청일전쟁에 승리하여 얻어낸 배상금으로 제철소를 짓고 경제가 활성화되는 것을 경험한 국민들은 러일전쟁을 갈망하는 목소리를 높였고 당장이라도 전쟁을 시작해야 한다는 여론이 들끓기 시작했다. 그와 함께 러일전쟁에 소극적인 테라우치 육군대신을 비판하는 여론도 조성되었는데 1904년 정초부터 다음과 같은 기사가 게재되기도 했다.

> "부모 형제 덕도 없고 그 어떤 뒷배경도 없이 육군대신 자리까지 오르는 출세를 한 점에 있어서는 그 자질이 훌륭하다고 인정하지만, 지나치게 성실하기만 한 꽉 막힌

성품으로는 중대 사안을 제대로 처리할 수 없다. 육군대
신임에도 불구하고 자기 집 한 채 가지고 있지 않고 행상
인조차 찾지 않는 청렴결백함은 오히려 단점이라고 아니
할 수 없겠다." 《요미우리》 신문, 1904년 1월 1일)

  이 기사는 여러모로 의미 있게 살펴봐야 할 기사인데 여기서의 '지나치게 성실', '꽉 막힌 성품', '자기 집 한 채 없는 청렴결백'이라는 부분이 바로 조선관의 현판을 숨기고 끝끝내 선원전의 정체를 오리무중에 빠뜨린 테라우치의 성격이 그대로 드러나기 때문이다.
  실제로 테라우치는 이 기사가 나오던 시기까지 자기 집이 없었다. 그러나 그것은 계속해서 전쟁, 사절단, 유학, 총독 재임 등 여러 나라로 나가 있어야 했던 그의 현실적 상황을 고려하면 고국에 집을 갖는다는 것이 오히려 거추장스러웠을 수 있다. 또 '지나치게 성실하다'라는 것은, 기사 역시 긍정적 의미로 쓰지는 않았지만 다른 말로 표현하면 꼼꼼하고 철저하다는 것인데 이 성격이 바로 식민지 조선을 향한 철저한 무단통치를 가능하게 한 측면이기도 했다. 그 한 예가 헌병경찰제와 토지 수탈이다. 사실상 군부통치를 행한 일본의 조슈번은 자신들의 사람인 테라우치를 조선에 보내 제일 먼저 '한일 강제 병합'을 완성시키고 다음으로 헌병이 경찰직무를 수행하게 하는 '조선주차 헌병조례'(1910년 9월 12일)를 발표하게 한다. 군대의 치안을 담당해야 할 헌병이 민간인 치안의 중심이 되게 한 것이다. 이를 위해 수천 명의 헌병을 증원하고 조선 땅 각 지역에 헌병대 분견소가 세워져 말 그대로 평시가

전시 같고, 일상이 전쟁 같은 무단통치의 시대를 연 것이다.

테라우치의 철저하고 꼼꼼한 성격은 이에 그치지 않고 토지와 회사를 총독부와 일본인에 귀속시키는 정책으로도 나아갔는데 그 대표적인 것이 '토지 수탈 정책'이었다. 이를 통해 조선 농민들의 농토 상당수가 동양척식주식회사와 친일파 매국노들에게 매각당하거나 강제로 넘겨졌다. 또 산업 보호를 핑계로 조선 내 모든 회사를 등록제가 아닌 허가제로 바꿔 회사들의 목숨줄 자체를 조선 총독부가 틀어쥐게 했다. 이 모든 정책이 바로 테라우치가 행한 조선에서의 일이다. 철저하고 꼼꼼하게.

이런 상황을 생각해 보면 조선 총독을 마친 뒤에도 다시 조선으로 오고 싶어 했던 테라우치에게 '집'이란 것은 굳이 필요하지 않았는지도 모른다. 식민지 조선 땅이 모두 자신의 '집'이었을 것이니 말이다. 어쨌든 '청렴하고 꼼꼼하고 치밀한' 등등의 일본 내 테라우치에 대한 평가는 우리의 입장에서 보면 이런 모순과 비극을 내포하고 있었음을 다시 상기해 봐야 할 것이다.

더 중요한 것은 집이 없다, 청렴하다, 하는 일본의 테라우치에 대한 평가 때문에 테라우치의 선원전 이건이 훨씬 더 비밀리에 진행되었을 것이라는 점이다. 본국인 일본 내의 '청렴하다'라는 평가가 테라우치 자신에게도 어떤 형태로든 내면화되었을 가능성이 크고 그로 인해, 정식 공매 절차를 거치지 않고 들여오는 조선 궁궐의 전각을 무슨 수를 써서라도 숨겼을 공산이 크다. 덕분에 선원전은 이름 없이 그저 '조선관'으로 불렸던 것이다.

그렇다고 테라우치가 오롯한 자기만의 집을 아예 준비하지 않았던 것도 아니다.

테라우치는 1900년부터 죽기 1년 전인 1918년까지 일기를 쓰고 남겼는데(1980년에 교토(京都) 여자대학에서 책으로 출판한 덕에 누구나 쉽게 읽어 볼 수 있다) 그 일기 속에 1908년부터 스기야마 시게마루(杉山茂丸)라는 이름이 자주 등장하기 시작한다. 한일병합을 누구보다 강력히 주장하던 이 스기야마는 1908년 4월 19일 고토 신페이(後藤新平) 외 두 명의 육군 중위와 함께 테라우치를 방문했는데 이어서 독일인 건축 기사가 스기 우메사부로(杉梅三郞)와 함께 찾아와 테라우치가 고우가이초(笄町, 현재의 미나토구 아자부)에 신축할 예정인 집의 설계를 의뢰했다고 일기에는 적혀 있다.

이 '집 짓기' 내용은 일기 속에 계속 이어져 5월 17일에도 독일인 건축 기사와 여러 사람을 초대해 주택 공사와 설계 등에 대해 상의하고, 6월 13일 오전에도 독일인 건축 기사와 다카다 가마키치(高田鎌吉)가 집으로 찾아와 신축할 집에 대해서 상의했다는 내용이 있다. 또 6월 14일 일요일 오전에는 독일인 건축 기사가 설계도를 가지고 와서 대체적인 협의를 하고 6월 28일 일요일 오전 10시에는 고우가이초에서 독일인 건축 기사와 스기, 나카야마의 입회하에 시공식을 가졌다고 한다.

이렇게 테라우치가 처음으로 지은 자신의 집 설계를 맡긴 독일인 건축 기사는 게오르그 데 라란데(Georg de Lalande, 1872-1914)다. 1872년 9월 6일 베를린 근교 히르쉬베르크에서 태어나

샬롯텐부르크 고등공업 건축과를 졸업한 뒤 오스트리아의 빈과 독일의 베를린에서 건축 활동을 시작했다. 이어 독일의 식민지였던 중국의 칭다오(青島)에서 활동한 뒤 일본으로 건너가 요코하마(横浜)에서 독일인 건축가 젤의 건축 사무소에서 일하기도 했다. 그 후 젤이 독일로 돌아가게 되자 그의 사무소를 인수받아 요코하마와 고베(神戶) 등지에서 호텔과 저택을 주로 설계하며 인지도를 쌓아 갔다. 그러다 테라우치와 인연이 닿아 테라우치의 집을 설계하게 된 것이다. 두 사람의 인연은 이후 조선으로까지 이어지게 된다.

2

조선총독부 초대 총독, 빌리켄 테라우치

　이토 히로부미는 1909년 6월 결국 한국 통감을 사직했다. 그리고 4개월 뒤 하얼빈에서 안중근에게 암살당하며 역사의 뒤안길로 사라졌다. 이토의 뒤를 이어 소네 아라스케(曾禰荒助)가 제2대 한국 통감에 취임했으나 한일병합에 대해서는 상대적으로 소극적인 입장을 고수했다. 이후 일진회로부터 거센 공격을 받고 1년 만에 위암을 사유로 통감직에서 물러난다. 이어 1910년 5월 30일, 테라우치 마사타케가 제3대 한국 통감에 취임했다. 그의 나이 58세였다.

　당시 테라우치는 부통감으로 임명한 야마가타 이사부로(山縣伊三郞)를 먼저 한국으로 보내고 자신은 도쿄에 남아 2개월여 한일병합을 위한 만반의 준비를 갖췄다. 그리고 7월 16일, 통감부 서기관으로 임명한 자신의 사위 고다마 히데오를 포함한 야마구치 출신의 무관들을 데리고 신바시 역에서 급행열차에 올랐다.

　그나저나 테라우치에게는 일종의 '별명'이 있었는데 그 이름이 생기게 된 계기가 하나 있다.

1900년대 초반 미국에서는 여류 미술가가 '빌리켄'이라는 인형을 제작해 특허를 취득하고 미국 내에서 상당한 인기를 끌었는데 1909년 초여름에 후쿠자와 유키치(福沢諭吉)의 아들 후쿠자와 다이지로(福沢大四郎)가 미국에서 이 빌리켄 인형을 가지고 들어와 분메이도(文明堂) 상점의 쇼윈도에 전시하는 일이 있었다. 이때 일본에서는 이 빌리켄 인형이 '복을 불러오는 신'으로 소개돼 많은 사랑을 받았다. 그런데 테라우치 역시 이 인형이 마음에 들었는지 자신과 부인, 딸을 위해 총 3개를 구입하고 후에 조선으로 건너올 때도 빌리켄 인형 하나를 챙겨 왔다고 한다. 이후 테라우치의 얼굴이 이 빌리켄 인형과 닮았다 하여 '빌리켄 총독'으로 불리게 된 것이다. (빌리켄 인형은 지금도 오사카를 중심으로 '행운의 신'이라 불리며 유명하다.)

사진 17 테라우치 소장 빌리켄 인형 《寺内正毅と近代陸軍》

사진 18 앞줄 왼쪽은 아카시, 중앙이 테라우치(야마구치 현립대학 소장)

1910년 7월 23일, 한성(현 서울)의 일본인 마을에 긴장감이 돌았다. 집집마다 내건 일장기 사이로 테라우치가 탄 마차가 삼엄한 경비를 받으며 지나간 것이다.

사진 19 1910년 7월 23일 마차를 타고 입성하는 테라우치 《寺内正毅と近代陸軍》

길게 늘어선 행렬 뒤로 높게 솟은 명동 대성당이 보인다. 테라우치는 한국 통감에 임명되자 곧바로 조선 주둔군 참모장이던 아카시 모토지로를 헌병 사령관으로 복직시키고 한국의 경찰 권력을 그에게 일임했다. 또 헌병의 인원을 1천 명 늘리는 등 무단통치의 기틀을 찬찬히 다졌다. 테라우치가 한성에 입성한 지 한 달 뒤, 8월 22일 그의 일기에는 합병 문제를 두고 이런 구절이 나온다. "이렇게도 용인하게 조인을 끝냈다 아하하(呵々)."

한국 합병에 관한 칙서가 공식적으로 발표된 것은 8월 29일이다. 그러나 실질적으로는 22일에 모든 절차가 완료된 것이다. 한 나라가 국권을 완전히 잃고 일본의 식민지로 전락해 국가적 치욕이라는 의미로 '경술국치'라 부르는 이 사건이 테라우치에게는 처리 후 시원함을 느낀 한낱 사무적인, 그리고 크게 웃는 '가가대소'의 일이었음을 엿볼 수 있는 대목이다.

속마음을 옮겨 놓은 이 일기의 '아하하'와는 다르게 테라우치는 합병 절차를 마친 후 매우 상반되는 행동을 보였는데 8월 26일 통감부로 모든 기자를 비상 소집한 후 그가 한 발언이 《도쿄 아사히신문》에 이렇게 실려 있다.

> "(테라우치는) 이왕가(李王家)를 멸시하는 발언이나 한국 국민을 노예로 보는 논조가 신문 잡지에 늘고 있음을 지적하고 노골적으로 불만을 표출했다. 한국 국민도 세계 여느 나라의 국민과 똑같이 행복하게 살 수 있어야 한다는 의견을 강하게 피력했다." (《도쿄 아사히신문》, 1910년 8월 29일)

속으로는 '아하하' 파안대소를 터뜨리고 뒤로는 헌병경찰제의 확대를 통해 무단통치의 시작을 준비하면서도 앞으로는 지극히 궁휼한 표정으로, 인류애 가득한 사해 동포심을 피력했던 것이다. 물론 백주 대낮에 나라를 잃은 국민들의 감정을 건드려 굳이 반일의 깃발이 높이 오르게 할 필요는 없겠다, 생각했을 수도 있다.

이후 테라우치는 본래의 의도는 무엇인지 알 수 없으나 어쨌든 한국의 실상에 맞는 정책을 펴겠다며 나라의 명칭을 다시 '조선'으로 돌리고 한국 통감부의 명칭도 '조선총독부'로 개칭한다. 이 과정을 통해 제3대 '한국 통감'이었던 테라우치는 초대 '조선 총독'으로 이름을 바꾸게 된다. 그 유명한 무단통치의 시작점, 조선의 토지와 물산을 모두 수탈하고 빼앗는 무단통치의 서막을 올리는 주인공 테라우치 마사타케 총독이 탄생한 것이다.

한편 이것은 순전히 개인적 생각인데, 테라우치가 굳이 '한국'이라는 이름을 '조선'으로 돌리려 했던 이유 중 하나가 임진왜란을 염두에 두었던 것은 아닐까 생각해 본다. 테라우치가 속한 조슈번은 물론 일본에게 '조선'이라는 나라는 임진왜란의 기나긴 싸움에서도 결코 정복하지 못한 나라다. 그 긴 여정의 마침표가 드디어 찍혔다는 의미로 '굳이 애써서' 옛 국호를 다시 사용하게 한 것은 아닐까 싶다.

실제로 이형식의 논문 〈조슈파 테라우치 마사타케(寺內正毅)와 조선 통치〉(역사와 담론 제91집, 2017)에서는 이와 관련한 얘기를 다음과 같이 전하고 있다.

"한국병합이 발표된 29일 밤 축하연에서 테라우치는 '고바야카와, 가토, 고니시가 살아 있다면, 오늘 밤의 달을 어떻게 느끼겠는가'라고 읊었다. 이들은 임진왜란 때 조선을 침략했던 고바야카와 히데아키(小早川秀秋), 가토 기요마사(加藤淸正), 고니시 유키나가(小西行長)다. 도요토미 히데요시(豊臣秀吉)가 못다 이룬 조선 정벌을 자신이 완성했다는 자부심을 엿볼 수 있다."

테라우치에 대한 초기 일본 현지 언론의 반응은 그다지 우호적이지 않았던 것으로 보인다. 테라우치가 총독이 된 다음 해, 1911년 2월 8일 《요미우리》 신문에는 경성에 거주하는 와타나베 다케시(渡辺豪)라는 기자가 쓴 '조선물색록(朝鮮物色錄) 빌리켄 정치'라는 기사가 실렸는데 "방약무인 횡포(傍若無人橫暴)"라는 단어를 쓰며 "주변에 사람이 없는 것처럼 자기 멋대로 행동하며 횡포를 부리는 총독 정치"라고 신랄하게 비판하는 내용이었다.

또한 《도쿄 아사히신문》에는 1911년 4월 3일부터 4월 17일까지 총 10회에 걸쳐 '테라우치 총독론(寺內總督論)'이 연재되었는데 뇌물 정치를 하지 않는 청렴함은 인정하면서도 군인 주의에 대한 반발과 '조슈 파벌'을 우대하는 파벌주의에 대한 비판, 그리고 경찰 정치로 인한 숨 막힘, 언론 압박에 대한 불만이 주된 내용을 이루고 있었다.

같은 해 3월 16일의 《도쿄 아사히신문》에는 이름하여 '105인 사건'에 대해 보도하며 "음모 사건으로 조사를 받은 60여 명이 모두 입을 모아 '총독 정치의 악폐를 참을 수 없다'라고 말했다"라고 전하고 있기도 하다.

이 '105인 사건'은 특히 신민회, 서북의 기독교 신자뿐만 아니라 외국인 선교사 세력을 약화시키기 위해 관련자의 검거, 조사, 재판 과정에 경무 총감부, 검찰, 재판소 등을 총동원한 사건으로 테라우치 총독부 날조 사건의 대표적 사건으로 꼽힌다.

이렇듯 테라우치에 대한 비난과 반발이 끊이지 않은 반면, 일본에서 처음으로 '민본주의'라는 용어를 사용하여 민주주의의 필요성을 주장한 것으로 알려진 사상가 요시노 사쿠조(吉野作造)라는 사람은 1916년 3월부터 4월까지 조선을 여행하며 테라우치의 정책에 대한 칭찬 일색의 기록을 남겨 대조를 보이기도 했다.

다음은 테라우치가 '한국 통감'으로 오면서 발표한 조선민을 향한 '유고(諭告)'다. 일종의 포고령 또는 취임사라 할 수 있는데 이 '유고'의 사전적 의미는 '윗사람이 아랫사람을 말로 타이름'이라는 뜻이다. 그 일부를 옮겨 본다.

> "통감(統監) 자작(子爵) 테라우치 마사타케(寺內正毅)의 유고(諭告)는 다음과 같다.
> 예성 문무 천황 폐하(叡聖文武天皇陛下)의 대명(大命)을 받들어 본관(本官)이 이번에 조선 통치의 임무를 인수함에 즈음하여 정무(政務)를 시행하는 강령을 제시하여 조선의 상하 민중에게 유고한다.
> 무릇 강역(彊域)이 상접하고 기쁨과 근심에 서로 의지하

며 민정(民情) 또한 형제의 우의가 있어 서로 하나로 합쳐서 일체를 이룸은 자연의 이치요 반드시 이르는 형세이다. 이러므로 대일본국 천황 폐하는 조선의 안녕을 확실하게 보장하고 동양의 평화를 영원히 유지하는 것을 간절하게 생각하여 전 한국 원수(元首)의 희망에 응하여 그 통치권의 양여를 수락한 바이다. 지금부터 전 한국의 황제 폐하는 창덕궁 이왕 전하(李王殿下)라 칭하며 황태자(皇太子)는 왕세자(王世子)가 되고 후사(後嗣)가 길이 서로 전하여 계승하면서 만세 무궁할 것이다. 태황제 폐하(太皇帝陛下)는 덕수궁(德壽宮) 이태왕 전하(李太王殿下)라 칭하여 이에 황족의 예우를 내리고 그 급료가 풍후(豊厚)함은 황위에 있을 때와 차이가 없을 것이다. 조선 민중은 모두 제국의 신민이 되어 천황 폐하가 어루만져 기르는 교화를 입고 길이 깊고 두터운 인덕(仁德)의 혜택을 받을 것이다…."

여기서 눈여겨볼 부분은 고종과 순종에 대한 명칭을 '창덕궁 이왕 전하', '덕수궁 이태왕 전하'로 격하해 부르면서도 황족의 예우로 급료를 '풍후하게' 한다는 부분인데 이것은 조선 백성들의 반발을 무마하고 형식적으로 예우하는 모양새를 갖추려고 했던 것으로 보인다.

그런데 여기서 고종과 순종의 거처가 덕수궁과 창덕궁으로 명시돼 있다. 그렇다면 경복궁은? 이 당시 경복궁은 어떤 상태였을까.

3

1915년 조선 물산 공진회, 뜯기는 경복궁

1915년, 조선총독부는 조선 통치 5년을 기념하는 '시정 5년 기념 조선 물산 공진회'를 경복궁에서 개최하기로 결정했다. 1914년부터 용지 정리와 각종 파빌리온(박람회장) 설치 준비가 진행되었다. 1914년 6월 24일에는 근정전 동쪽에 있는 왕세자의 정무 공간과 생활 공간인 동궁 쪽에 미술관 건설이 시작되었다. 이때 설립된 미술관은 '영구히 남길 구조물'로 지정되어 공진회가 끝난 뒤 1915년 12월 1일에 조선총독부 박물관으로 개관했다.

미술관 건설이 막 시작된 7월에는 1910년 5월의 전각 매각 후에도 남아 있던 홍례문과 자선당, 비현각 등의 전각과 문, 그 외의 석재 등이 철거되었다. 조선총독부가 편찬한 《시정 5년 기념 조선 물산 공진회 보고서》(1916)에 따르면 이미 무너져 내리고 부패와 손상이 심해서 수리도 할 수 없는 불결하고 외관상으로 나쁜 전각을 중심으로 1914년 7월 중에 대금 11,374엔 70전에 공매를 실시했다고 한다. 이는 재원이 충분하지 않았던 조선총독부가 경성 시구(市区) 개정의 비용을 충당하기 위한 고육책이었다고 밝히고 있다.

이 공매에서 건물 13동, 문 10짝, 변소 2채 등 총 25건이 입찰되었다. 건물 15동, 문 9개가 11,374엔 70전에 공매되었고 9월에는 공진회 전시 시설 설치 예정 부지에 있던 나무 26그루도 63엔에 공매되었다. (매일 신보, 1914년 7월 10일)

기사에는 주요 건물 4채를 낙찰한 사람과 낙찰 가격 역시 보도되었다. 먼저, 건물은 6,150엔~477엔에 낙찰되었고 낙찰자는 1개 동이 아키바 구니타로(秋葉邦太郎, 경성 거주 부동산 업자), 역시 1개 동이 후지타 구니타로(藤田国太郎, 총독부 관리), 2개 동이 조선인 이윤창(사업가)이었다. 하지만 공매된 전각 중 몇 개는 소유자와 낙찰자가 일치하지 않는 것도 있어 보인다.

이때 매각된 '자선당'은 왕세자 부부가 거처하던 전각이었는데 주식회사 오쿠라 구미 토목부(현재의 다이세이 건설)가 그 목재를 사들였다.

《건축 세계》라는 잡지 1916년 9월 호와 《건축 화보》라는 잡지 1916년 10월 호에는 오쿠라 기하치로(大倉喜八郎)가 1915년 겨울에 자선당을 양도받아 도쿄로 옮겨 와 아카사카 아오이쵸(赤坂葵町)에 있던 자택 안에 세운 사립 미술관인 슈코칸(集古館)의 부지 안에 약 2만 엔의 거금을 들여 이건(移建) 공사를 한 뒤 내외 장식 공사에 착수하였으며 1916년 9월 안에 준공할 예정이라는 기사가 실렸다. 이에 대한 테라우치의 1916년 8월 30일의 일기를 보면, "오후 4시부터 오쿠라 씨의 박물관을 봄. 조선관 낙성을 지켜봄"이라고 되어 있다.

이렇게 도쿄로 옮겨진 자선당은 1917년에 개관하였으나 1923년 9월 1일에 발생한 관동대지진으로 불타 사라지고 말았다. 그 뒤 1962년에 개업한 호텔 오쿠라 부지 안에 타고 남은 자선당의 기단이 정원석으로 쓰이고 있었는데 후에 김정동 교수(목원대)에 의해 발견되어 1996년 110톤 무게의 돌 288개가 문화재청으로 기증되었다. 다만 경성부가 1930년대에 편찬한 《경성부사(京城府史)》에 의하면 "슈코칸(集古館)에는 1910년에 매각된 전각도 한 채 이전되어 있었다"라고 하는데 이에 대한 것은 추측만 할 뿐 상세한 것은 파악되지 않은 상태다.

1915년 9월 11일 오전 9시부터 경복궁 근정전에서 '시정 5년 기념 조선 물산 공진회' 개장식이 엄숙하게 거행되었다. 관계자 및 관료 약 500여 명이 모였다. 자동차로 도착한 테라우치는 돌계단을 올라 근정전 안으로 들어가 경례에 답한 뒤 자리에 앉았다. 먼저 야마가타 사무총장이 정면 계단을 올라 총독에게 인사하고 개장 선언을 청했다. 야마가타의 인사가 끝나자 테라우치가 앞으로 나가 선언서를 낭독했다.

9시 15분에 개장식이 끝나자 테라우치는 사람들과 함께 제1호 관을 시작으로 2호, 3호, 미술관까지 돌아보고 11시에 전시회장을 나갔다. 테라우치는 훈시에서 "조선 반도의 진가를 인정하고 장래에 진지하게 조선을 연구하는 단초를 열어야 한다. 오랜 세월 오해를 받아 오던 조선은 이 기회를 통해 그 진가를 세계에 인정받을 수 있어야 한다"라며 조선 물산 공진회의 시작을 알렸다.

공진회에는 농업, 척식(拓植), 임업, 광업, 수산, 공업, 교육, 미술, 고고자료(考古資料) 등 13개 부문에서 약 5만 점 가까운 물품이 출품되었다. 당시 테라우치 자신의 명예와 성취를 보여 주려 했던 이 '조선 물산 공진회'를 위해 조선총독부는 출품 품목의 대대적인 수집과 관람객 유치에 상당한 노력을 기울였는데 특히, 각 지방 행정 조직과 민간 협찬회, 사회단체 등을 동원하며 출품을 적극적으로 권유하고 강제했다. 또 더 많은 사람을 끌어들이기 위해 각종 편의 시설 제공 및 기차 운임의 할인 혜택 등을 마련하기도 했다. 덕분에 전국 각지에서 공진회를 보기 위해 경성으로 상경하는 인구가 폭발적으로 증가했고 일본에서도 관광객들이 몰려들어 개최 기간 동안 무려 116만 명이 넘는 관람객을 유치하는 성과를 거뒀다.

기록에 의하면 이때 방문자는, 조선인이 727,154명, 일본인이 299,541명, 중국인이 4,659명, 외국인이 2,643명, 어린이 등의 무료 입장객이 130,167명이었다고 한다. 1915년 10월 31일의 폐막식에는 최다 입장객 15만 364명이 입장했다.

조선의 정궁이었던 경복궁은 이렇게 어마어마한 인파 속에서 박람회장이라는 관광지로 탈바꿈된 것이다.

4

조선의 정궁 경복궁, 그 역사의 아이러니

경복궁.

1392년 개성(開城)에서 조선을 건국한 태조 이성계는 1394년 10월에 한양(漢陽)으로 도읍을 옮겼다. 중국에서 가장 오래된 시집 《시경(詩経)》에 나오는 '군자 만년(君子萬年) 개이 경복(介爾景福)'에서 '경복(景福)'이라는 글자를 따와 정도전(鄭道伝)이 경복궁(景福宮)이라고 이름 짓고 1395년부터 조선 왕조의 정궁으로 사용되었다. 창건한 지 약 200년이 지난 1592년 제14대 선조 25년에 도요토미 히데요시(豊臣秀吉)의 침략으로 인해 발생한 임진왜란 당시 선조는 전세가 불안하다는 것을 알고 의주 파천을 결심한다. 그러나 이것은 임금 하나만을 보고 있던 백성들의 원망을 샀고 결국 왕이 떠나자마자 경복궁은 불에 타기 시작한다. 전쟁으로 난민이 된 이들의 소행이었다. 가장 먼저 불탄 곳은 장예원과 형조, 노비 문서가 있던 곳이었다. 하지만 경복궁만이 아니었다. 이때 불탄 궁궐은 경복궁을 비롯해, 창덕궁과 창경궁까지 모두 세 곳이었다.

그 후에도 경복궁의 수난은 이어졌다. 임진왜란 당시 일본군 총대장이었던 우키타 히데이에(宇喜多秀家)가 퇴진하면서 또다시 경복궁에 불을 질렀다는 기록이 남아 있다. 그렇게 재로 변한 경복궁은 그 이후 무려 270여 년간 무성한 잡초 사이로 기초 토대만 남긴 채 사라졌다가 1867년에 이르러 흥선대원군에 의해 중건되었으며 경복궁의 부재 기간 동안 창덕궁이 경복궁을 대신해 정궁의 역할을 했다.

그런데 경복궁을 다시 중건해 보려는 노력은 숙종과 영조 때도 있었다. 심지어 숙종은 경복궁을 중건하고픈 마음을 이렇게 시에 옮겨 보기도 했다.

경복궁을 바라보며[望景福宮]

저 울창한 솔숲이 온통 법궁이었거늘 欝彼松林是法宮
오색 상서로운 구름 속에 짙푸르도다 葱蘢瑞色五雲中
언제쯤이면 중수하려는 계획 완수하여 何時得遂重修計
근정전 높이 올라 백관을 인견하려나 勤政高臨引百工

다만 숙종도, 영조도 뜻을 이루지 못하다가 드디어 고종 때에 와서 흥선대원군의 강력한 의지로 경복궁의 제 모습을 갖추게 된 것이다.

경복궁이 중건되기까지 이렇게 긴 시간이 필요했던 이유로 여러 얘기가 있는데 특히 풍수지리에 관한 얘기가 흥미롭다. 일본의 미야자키 료코(宮崎凉子)는 《미완의 성지—경복궁 궁역 재편 사업의 100년》이라는 글에서 이 부분을 강조하고 있는데 잠시 옮겨 본다.

> "선조 32년(1599) 1월 21일 《실록》에 경복궁의 풍수에 대해서 급사(給事)와 왕이 문답한 내용이 기록되어 있는데, 그에 따르면 일본의 침략은 경복궁의 풍수적 결함 때문에 발생했다는 의견이 있었다. 경복궁의 북동부가 조금 낮기 때문에 외적의 침입을 불러들인다는 비난도 거셌다고 한다."

경복궁의 풍수지리적 약점은 사실 다른 글에서도 일부 거론이 되었던 것으로 보인다. 특히 조선 왕조 자체가 임진왜란 이후 이 부분에 대한 걱정으로 경복궁을 터부로 여겼던 것은 아닐까 조심스럽게 생각해 보기도 한다. 그 이유는 다른 궁들의 중건과 너무 달랐기 때문이다.

실제로 명종 때는 불탄 사정전을 불과 1년 만에 중건했고, 광해군 때도 창덕궁과 창경궁은 바로 중건이 되었으니 말이다. 어쨌든 그렇게 애증으로 미뤄지던 경복궁 중건이 드디어 고종에 이르러 진행되었는데 다시 또 일본의 침략을 맞고 아예 나라를 뺏기는 지경에 이르렀으니 정말로 과학, 비과학을 떠나 무슨 역사의 아이러니가 작용한 것인지 모르겠다.

그래도 중건 상황을 조금 살펴보자. 숙종을 지나 영조 그리고 다시 세월이 흘러 고종이 12세의 어린 나이에 제26대 왕위에 올랐다. 그러자 흥선대원군은 국왕의 생부로서 수렴청정하며 마치 상왕처럼 군림했다. 특히 왕실의 존엄성을 회복한다며 규모가 7,225칸 반에 궁성의 담장 길이만 1,767칸인 대규모 궁궐을 중건했다. 옆 나라 일본은 메이지 정부를 수립해서 근대화의 포문을 열 때 조선에서는 팔도의 나무를 죄다 베어다 왕궁을 건설하고 있었던 것이다.

무엇보다 원납전(願納錢)이라는 명목하에 강제 징수를 단행했는데 백성들 사이에서는 '원할 원(願)' 자가 아닌 '원망할 원(怨)' 자를 붙인 '원납전(怨納錢)'이라 불리며 원성이 자자했다. 그렇게 경복궁은 중건되었고 1868년부터 고종이 창덕궁에서 경복궁으로 옮겨 와 정궁으로 사용하기 시작한다.

그러나 외적의 침입을 불러들인다는 풍수지리적 풀이가 맞았던 것일까? 1894년 한반도에서 청일전쟁이 벌어졌다. 1895년 10월 8일에는 경복궁의 건청궁 일대에서 고종의 아내인 명성황후 민씨가 살해당하는 을미사변이 발생한다. 결국 신변에 위협을 느낀 고종과 왕세자(훗날의 순종)는 다음 해인 1896년 2월 11일 새벽, 경복궁을 탈출해 가마를 타고 러시아 공사관으로 피신했다. 당시에는 러시아를 아라사(俄羅斯)라고 표기했기 때문에 이 사건을 '아관파천'이라고 부른다. 고종은 그 후 1년이나 러시아 공사관에 머물다가 1897년 2월에 러시아 공사관을 나와 경복궁이 아닌 러시아 공사관 옆에 있는 경운궁(지금의 덕수궁)으로 거처를 옮긴다. 이어 같은 해 10월 12일에 '대한제국'을 선포하고 황제에 즉위한 뒤 거처를 창덕궁으로 정하고 입궐한다. 그 뒤 1907년 6월 헤이그 특사 사건으로 고종은 강제 퇴위당하고 제2대 황제에 즉위한 순종이 경운궁에서 창덕궁으로 거처를 옮긴다. 이때 경운궁으로 돌아간 고종은 이름을 덕수궁으로 바꾸고 붕어할 때까지 이곳에 기거했다.

이 모든 과정을 통해 볼 때, 백성들의 고혈로 중건되었던 경복궁은 겨우 28년간 정궁으로 기능하다가 다시 버려져 있었던 것이다.

고종이 대한제국을 선포하고 스스로 황제가 된 지 5년이 지난 1902년 6월, 일본의 메이지 정부는 도쿄 제국대학 공과대학에 명하여 조선 전국의 국보급 중요 문화재와 건축물을 조사해 오도록 지시했다. 그 임무를 맡은 사람이 당시 공과대학에서 조교수로 일하던 세키노 다다시(関野貞) 공학 박사였다. 35살의 세키노는 1902년 6월 27일에 도쿄를 출발해서 30일에 고베(神戸)를 경유하여 부산, 마산포, 목포, 군산항구를 거쳐 7월 5일 인천에 도착한 뒤 경성으로 들어갔다.

다음으로 7월 22일에 개성으로 가고, 30일에 풍덕군을 돌아 31일에 다시 인천을 통해 경성으로 돌아왔다. 8월 9일에는 인천을 출발해서 11일에 부산에 도착. 14일에는 부산을 출발하여 동래, 양산, 학천을 거쳐 18일에 경주에 도착했다. 여기서부터는 영천, 대구를 거쳐 가야산에 올라 마산포로 나오고 곧이어 8월 30일에 다시 부산으로 돌아온다. 이어 9월 4일을 마지막으로 부산을 출발하여 5일에 나가사키(長崎)에 도착하면서 62일간의 조사를 마쳤다.

당시 고조선, 삼한, 신라, 고려, 조선 각 시대의 고적, 왕궁, 사

원, 왕릉, 서원, 유물 등을 조사 대상으로 삼고 대대적인 조사를 실시하고 귀국한 세키노는 3년 동안 조사 내용을 정리 연구하여 현지에서 촬영한 사진을 중심으로 도면 363장, 본문 252페이지에 달하는 보고서를 비공개 활자 인쇄로 만들어 1905년 8월 일본 정부에 제출했다. 한국의 문화재와 보물을 약탈하기 위한 목적으로 실시되었을지도 모를 이 조사 보고서가 아이러니하게도 한국 문화재에 관한 최초의 종합 조사 연구서이자 한국 건축 문화 예술에 관한 최초의 본격적인 조사가 되었다. 일본 학자들 사이에서 '전설의 보고서(幻の稀覯書)'라고 불리던 이 서류는 83년이 지난 1988년 6월에 일본에서 책으로 출판되었다. (《韓国の建築と芸術》)

세키노의 기록에 따르면 1902년 당시 경성에는 주요한 왕궁 세 군데가 있었는데 경복궁, 창덕궁, 창경궁이 그것이다. 세 군데 다 임진왜란 때 소실되었으나 창경궁에 있는 명정전의 일각만은 임진왜란 때 불에 타지 않았기 때문에 창경궁에서 태조 당대 초기의 왕궁 형식을 조사하고 창덕궁에서는 조선 중기의 기법을 조사한 뒤 경복궁에서 최근의 구조를 조사했다고 한다. 이로써 조선 왕조 5백 년의 건축 역사를 대략 파악할 수 있었다는 것이다.

여기에 경복궁의 건축물 배치는 모두 당대의 기초 위에 세워져 있어 당대 초기의 국가 규모를 추정할 수 있었다고 한다. 이 외에도 "경성 시내에는 현재 황궁으로 사용되고 있는 경운궁과 경희궁이 있으나 그 규모가 워낙 작아 세 궁궐에 비할 바가 못 되기 때문에 이번 조사 대상에서는 제외했다"라고 기술하고 있다. 다만 여기서는 1902년 당시 창덕궁이 아닌 경운궁과 경희궁이 대한제국의 황궁으로 사용되고 있었다는 기록에 주목할 필요가 있다.

또한 경복궁 중건에 관한 기술을 보면 대원군이 전국에 명하여 1865년에 공사에 착수하였는데 그 어명이 엄중하여 추호의 반대도 허락하지 않았고 그 비용과 나무는 전국에서 징수하였는데 반대하는 이가 있으면 즉각 엄벌에 처하고 백성의 원성은 일체 무시했다고 한다. 한번은 광화문 밖에 불을 지른 이가 있어서 쌓아 두었던 거대하고 우수한 목재들이 다 타 버리는 사건이 발생했다. 그러자 대원군은 더더욱 가혹하게 세금을 징수했고 전국에 명하여 신령이 깃든 산이든 무덤이든 조선 팔도의 나무라는 나무는 다 벌목해 오도록 지시했다고 한다. 그 경복궁 공사를 시작한 지 2년 뒤에 고종이 입성해서 살기 시작했고 7년 뒤에 "백성의 뼈와 살을 쌓고 피를 발라(四民の骨肉を積み膏血を塗りて) 지은 장대하고 화려한 경복궁이 완성됐다"라고 세키노는 기록하고 있다.

이후 30여 년간 왕궁으로 사용되었으나 을미사변과 아관파천을 겪은 뒤 고종은 다시 경복궁으로 들어가지 않았고 경운궁을 고쳐 새 왕궁으로 삼았다. 이로써 경복궁은 황폐해져 기둥이 기울고 지붕의 기와는 어그러져 무너져 내리고 낡은 기왓장 사이에는 쥐가 살며 잡초만 무성한 폐허가 되었다고 한다.

이 부분의 기록을 읽으니 조금 슬퍼진다.

영화 〈인터스텔라〉처럼 내가 그 시대의 어느 지점에 갈 수 있다면 무언가를 바꿀 수 있을까. 그들에게 무엇을 말해 줄 수 있을까. 그렇다면 역사는 달라졌을까. 대답 없는 질문만 맴돌 뿐이다.

사진 20 1902년에 세키노가 촬영한 경성시 《韓国の建築と芸術》

사진 21 1902년 세키노가 촬영한 경복궁 정문인 광화문 《韓国の建築と芸術》

이 보고서에 수록된 많은 조선의 문화재, 건축물의 사진과 평면도 속에는 3대 왕궁인 경복궁, 창덕궁, 창경궁도 포함되어 있다. 특히 각 궁궐의 사진뿐만 아니라 세키노가 손수 그린 상세한 배치도와 평면도까지 수록되어 있는데, 왕의 침전이었던 강녕전과 왕비의 침전이었던 교태전의 사진과 평면도도 보인다. 낱낱이 사진으로 찍힌 왕비의 침전. 그런데 아무도 살지 않는 빈방이기는 하나 1902년 당시 이렇게까지 휑하니 비워져 일본인이 자유롭게 사진 촬영을 할 수 있었다는 사실이 많이 놀랍기는 하다. 왕비의 침실을 어느 이방인이 신발 신은 두 발로 저벅저벅 들어가 여기저기 카메라 플래시를 터뜨렸단 얘기다. 역사의 맨살을 보는 것은 이렇게 쓰리고 아픈 것인가 보다.

현재 대한민국의 궁궐 하면 떠오르는 대표적인 이미지가 경복궁의 근정전인데 1902년 당시 근정전은 보고도 믿기지 않는 상태였다.

사진 22 근정전 및 안뜰 《韓国の建築と芸術》

사진 23 근정전의 단상에서 보이는 안뜰과 근정문

근정전 넓은 안뜰의 돌바닥 사이사이에서 자라난 풀의 키 높이만큼 긴 시간 동안 경복궁은 버려져 있었던 것이다.

1904년부터 1907년까지 세 번에 걸친 한일 협약 체결로 인해 대한제국의 실질적인 지배권은 일본이 모두 장악하게 되었다. 제2차 한일 협약 체결로 외교권이 박탈당했고 다음 해 한국 통감부가 설치된 이후 대한제국 황실에 관한 모든 일은 궁내부 대신의 관할이 되었다. 다음, 제3차 한일 협약 체결로 한국 내각 각 부 차관에 일본인이 임명되어 일본의 한국 내정 지배권이 확립되었다. 이런 과정을 거쳐 1907년 9월에 궁내부 차관에 임명된 사람이 고미야 미호마쓰(小宮三保松)였다. 고미야는 대한제국 제실 재산 정리 국장도 겸임했다. 이로써 일본은 한일병합 이전에 이미 대한제국의 재산 관리권을 실질적으로 장악했고 경복궁의 지배권 역시 장악하게 된 것이다.

1907년 10월, 훗날 다이쇼(大正) 천황이 되는 요시히토(嘉仁) 황태자가 한국을 방문했다. 황태자를 맞이하기 위해 통감부는 오랫동안 방치되어 있던 경복궁과 근정전 서편에 위치한 경회루를 급히 수리하여 복원했다. 1902년 세키노가 찍은 사진을 통해 경회루 내부 상태를 확인해 보자.

사진 24 1902년 경회루 사진 전경《韓国の建築と芸術》

사진 25 1902년 경회루 내부 사진《韓国の建築と芸術》

다음 해인 1908년에는 경복궁의 일반 공개가 결정되고 관람객들이 지켜야 할 수칙이 발표되었다.

> 입장권을 사서 들어올 것.
> 입장권은 한 장에 십 전,
> 8세 이상 15세 미만은 반값인 5전, 7세 이하는 무료.
> 관람은 매주 일요일과 수요일 이틀만 허락함.
> 시간은 오전 7시부터 오후 5시까지.
> 관람객은 흉하지 않은 옷을 갖춰 입을 것.
> 궁내에서는 정숙을 엄수할 것.
> 궁전 건물을 훼손하지 말 것.
> 궁내의 물고기나 새, 짐승을 포획하지 말 것.
> 궁내의 나무나 꽃, 과일을 꺾거나 따지 말 것.
> 주류 반입 금지.
> 담배와 음식물은 휴게소 등 지정된 장소에서만 취할 것.
> 쓰레기 투기 금지.
> 궁내 마차 금지.
> 궁내에서는 수위의 지시에 따를 것.
> 입장권은 귀가 시 수위에게 반납할 것.

이 수칙은 제법 엄격하게 규제를 하고 있는 것처럼 보이나 하나하나 잘 살펴보면 여느 관광지에서의 질서 수칙과 크게 다를 것이 없다. 특히 가장 중요한 것은 앞서 밝혔듯이 한 나라의 정궁이 돈을 주고 입장하는 구경거리로 전락했다는 것이다. 나라 잃은 민족의 설움은 그렇게 곳곳에서 연출되고 있었다.

입장료는 1910년 11월부터 어른 5전, 어린이 3전으로 할인되었다.

다음 사진은 1902년 세키노가 경회루 위에 올라가서 찍은 사진이다. 구중궁궐이라는 말이 딱 들어맞는 장엄한 광경이다. 궁전 건물이 조화를 이루며 꽉 들어차 있고 왕궁의 위용이 넘친다. 일본 전문가들의 말을 빌리자면 규모나 구조에서 교토(京都)의 황궁(御所)보다 훨씬 더 웅장하고 화려한 궁궐이 경복궁이었다고 한다.

사진 26 1902년, 경회루에 올라 바라본 경복궁의 전경 《韓国の建築と芸術》

그런데 경복궁이 일반인에 공개되기 시작한 지 2년이 지난 1910년 3월 31일부터 4번에 걸쳐 〈대한제국 정부 관보〉를 통해 경복궁과 창덕궁 내의 불필요한 건물 4,000여 칸을 매각한다는 광고가 게재되었다. 1910년 5월 15일 자 《대한매일신보》의 기사에 의하면 5월 9일과 10일에 실시한 경매에는 조선인과 일본인 80여 명이 참가했는데 그중 10여 명에게 판매가 허가되었다고 한다. 전각의 정가는 한 칸에 15원(1원=100전)에서 27원으로 설정되었는데 경매에 나온 전각의 3분의 1은 동양 척식 회사의 총재인 우사가와 가즈마사(宇佐川一正)의 친척인 기타이 세이자부로(北井淸三郎)가 낙찰받았다. 1910년 4월 1일《도쿄 아사히신문》과 《조선신문》(5월 15일) 등에는 경매로 전각을 철거한 뒤 경복궁 내에는 공원이 조성된다는 기사가 실렸다.

사진 27
1907년 전후의 경복궁 평면도

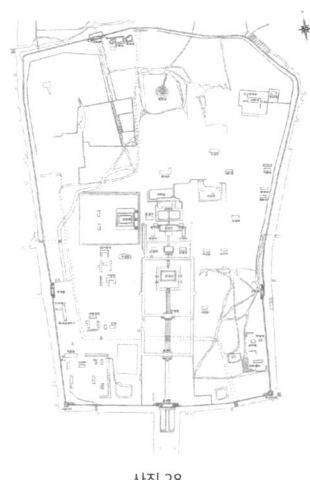

사진 28
1910년 5월의 경매 후 평면도

1902년 세키노가 찍은 사진으로도 보았듯이 원래 경복궁 내에는 건축물이 밀집된 상태였는데 정확한 칸수는 알 수 없으나 1907년 평면도를 보면 알 수 있듯이 많은 수의 건축물이 이때 사라졌다. 광화문에서 근정전, 내전 영역에 이르는 전각과 회장, 문,

동궁 영역의 전각, 경회루와 연못, 향원정과 향원지, 집옥재와 같은 상징적인 건조물과 시설, 몇몇의 전각만이 남은 상태로 보인다. 그리고 경복궁의 경매가 실시된 지 두 달 뒤인 7월에 테라우치가 한국 통감에 임명되어 한성(현재의 서울)으로 들어와 10월에 조선총독부 초대 총독이 된 것이다.

1911년 5월, 이미 일본이 실질적인 권한을 가지고 있던 경복궁 전 지역이 아예 정식으로 조선총독부 관할로 넘어가는 것이 결정되고 1912년도부터는 완전한 총독부 소관이 되었다. 실제로 순종《실록》1911년 5월 17일 자에 보면, "경복궁 전 면적 19만 8천 6백 24평 5합 6작(656,650평방m)을 총독부에 양도함"이라는 짧은 기록이 남아 있다. 특히 1911년도 내에 경복궁 안에 총독부 신청사를 건설한다는 결정이 나고 1912년도부터 조선 신궁(神宮) 조성과 함께 건설 준비가 진행되었다. 1913년에는 경성 민단이 경복궁의 무료 관람을 요청한 결과 허가가 나서 1913년 10월 15일부터 19일까지 5일간 일반인에게 경복궁을 무료로 개방했다. (《매일신보》, 1913년 10월 8일) 그 외에도 일본 시찰단이나 관광단체, 일본 학생이나 군 관계자, 외국의 귀빈이나 공사(公使), 사관(士官) 등이 경복궁을 방문했다는 기록이 다수 남아 있다.

또한 테라우치가 남긴 사진첩의 일부가 현재 야마구치 현립대학 도서관에 소장되어 있는데 그 사진첩 속에는 조선의 오래된 건축물 사진이 여럿 있다. 당시의 상태를 알 수 있는 귀중한 자료이니 경복궁의 집옥재(고종의 서재)와 임오군란의 현장이라 불리는 서대문의 천연정 사진을 소개하겠다.

사진 29 경복궁의 집옥재(야마구치 현립대학 소장)

사진 30 천연정(天然亭, 야마구치 현립대학 소장)

5

"뭐가 축하할 일이야" 테라우치 내각 출범

공진회를 성공적으로 마치고 1년이 지났다. 오다하라(小田原)의 번주(藩主)였던 이나바 마사노리(稲葉正則)의 일기 〈永代日記〉를 보면 1916년 7월 25일, 일본의 황족 나시모토미야 모리마사(梨本宮守正) 왕의 집안에서 장녀 마사코(方子)와 이은(고종의 7남, 대한제국의 마지막 황태자)과의 혼담을 극비리에(極内々にて) 테라우치에게 부탁했다고 한다. 마사코의 어머니인 나시모토미야 이쓰코(梨本宮伊都子) 왕비의 일기(8월 3일)에는 이 혼담이 소문이 나서 신문에까지 실렸다며 '난처하다'(こまる)고 기록돼 있다. 테라우치는 이 부탁을 받아들여 혼인이 성사되도록 협조했다.

이 결혼에 대해 일본에서는 지난 2021년 유명한 소설가 하야시 마리코(林真理子)가 《이왕가의 혼담(李王家の縁談)》이라는 소설로 소개하며 많은 이들의 관심을 받았다. 소설은 일왕의 왕비로 자신의 장녀 마사코가 간택되지 않자 이쓰코 왕비가 자기 집안의 체면 유지를 위해 재력가이자 일본의 황족과 같은 지위를 얻은 이은과의 결혼을 추진했다는 추론을 펼치고 있다. 나라를 빼앗긴 식민지의 왕족이지만 그나마 재력은 갖추고 있었음을 알게 하는 대목이다.

한편 1916년 7월 26일 '고베 마타 신일보'(神戸また新日報)에는 오쿠마 시게노부(大隈重信) 내각 총리대신의 후임으로 테라우치가 추천받았다는 소문이 기사화되었다. 그 배경에는 초기부터 무단통치로 조선의 숨통을 조였던 테라우치의 폭압적 정책이 그 나름 성과를 내었다는 자신감과 일본 현지의 인정이 주효했다. 무엇보다 조선 내 근대화 정책도 제법 효과적으로 진행되고 있다는 평가가 있었던 것 같다. 그러나 조선 통치에 대한 이런 평가와는 달리 중국의 상황은 조금 달랐다. 실제로 가토 다카아키(加藤高明) 일본 외무대신이 위안스카이 중국 총통에게 제출한 '21개 조' 요구로 인해 중국 내의 반일 감정이 고조되면서 제2차 오쿠마 시게노부 내각은 심하게 흔들리고 있었다.

그런데 당시를 기록한 테라우치의 일기를 보면 이 오쿠마 내각을 공격하고 있던 고토 신페이와 스기야마 시게마루가 1916년 7월 7일과 12일, 두 번에 걸쳐 테라우치를 방문했던 것으로 보인다. 특히 《속전국책(俗戦国策)》에 실린 '오쿠마와 테라우치' 편을 보면 이 당시에 오쿠마는 자신이 사임한 뒤 정부가 혼란에 빠지지 않을까 걱정하고 있었다고 한다. 그 말을 들은 스기야마가 테라우치에게 맡기면 혼란이 없을 것이라고 하자 오쿠마는 "테라우치가 내 말을 들을까?" 하며 미심쩍은 얼굴을 했다고 한다.

그 후 9월 27일 다나카 기이치(田中義一)가 테라우치를 찾아와 사의를 결심한 오쿠마가 가토 다카아키를 후임으로 지명했다고 전한다. 그날 테라우치는 자신의 일기에 "스기야마 등이 얘기하던 것과는 크게 다른 부분이 있음"이라고 썼는데 놀랍게도 10월 4일에 결국 테라우치에게 다음 내각을 맡길 것이 결정된다. 그런데 10월 6일 자 《도쿄 아사히신문》에 따르면, "축하드립니다"라고 기자가 인사를 건네자 테라우치가 버럭 화를 냈다고 한다. 심지어 "뭐가 축하할 일이야"라고 말했다는데, 이 인선이 테라우치에게 무언가 불편함을 준 것은 분명해 보인다. 생각해 보면 조선이라는 땅에 자기만의 '왕국'을 완벽히 건설하고 오래도록 그것을 누리는 것이 테라우치로서는 더 큰 즐거움이었을지 모르겠다. 특히 본국으로 돌아갔을 때 닥칠 언론들의 쉼 없는 공격과, 복마전 같은 정치 상황이 테라우치로서는 영 달갑지 않았을 가능성이 크다. 당장 내각 개편의 문제도 테라우치에게는 큰 고민거리였다.

당시의 테라우치의 이런 고민 어린 모습은 다른 사람의 일기에도 보이는데 〈하라 다카시 일기(原敬日記)〉(10월 5일)에는 이렇게 표현돼 있다.

"오늘은 테라우치가 영 언짢아하며 틀어박혀 있어서 아무 진척이 없었다."

그러나 테라우치 내각이 발표되자 도쿄 주식, 기차 선박, 방적, 설탕, 남만주 철도가 35엔에서 순식간에 10엔가량 상승하고 다른 주식도 상승효과로 일제히 올랐다. (《요미우리》 신문, 10월 7일) 시장은 신내각의 등장에 한껏 기대를 높이고 있었던 것이다.

10월 8일 각료가 결정되었다.

다만 테라우치의 '불안한 예측'은 곧 현실로 나타나기 시작했다.

당장 내각 결정 이후 만 하루가 지나지 않아 바로 다음 날인 10월 9일부터 신문 매체는 일제히 내각을 공격하기 시작했다. 일단 《도쿄 아사히신문》이 선봉에 섰다. 이 신문은 특히 법률적 근거도 없는 '원로 회의'가 '무책임하게' 테라우치 내각을 창설했다고 맹비난했다. 또 정당으로부터의 정식적 입각이 아니라며 '비입헌 내각'이라는 야유를 퍼부었다. 그런데 이 '비입헌'이라는 말이 일본어로 '히릿켄'이라고 발음되는 것에 착안해 테라우치의 별명 '빌리켄'과 연관 지어서 "테라우치 내각은 히릿켄 내각"이라고 조롱하기에 이른다.

참고로 《도쿄 아사히신문》에서 문제라고 지적한 '원로 회의'의 '원로'란 이토 히로부미(伊藤博文, 조슈), 구로다 기요타카(黒田清隆, 사쓰마), 야마가타 아리토모(山県有朋, 조슈), 마쓰카타 마사요시(松方正義, 사쓰마), 이노우에 가오루(井上馨, 조슈), 사이고 쥬도(西郷従道, 사쓰마), 오야마 이와오(大山巌, 사쓰마) 등 7인을 말하는 것으로, 이 7명은 조슈, 사쓰마 파벌 정치의 핵심으로 일본 제국 정부의 최고수뇌부에 있던 중신들이었다. 무엇보다 천황을 보필하는 역할로 천황의 최고 의사 결정 기관이기도 했다. 그런 원로 회의가 테라우치를 총리대신으로 추천했으니 당시의 제도상 절대적 결정이었던 것이다. 그럼에도 불구하고 신문은 '비입헌 내각'이라며 매도하기 시작한 것이다.

일본 언론의 이런 난리 통에서도 1916년 10월 19일 테라우치는 드디어 일본의 제18대 내각 총리대신에 취임하고 오쿠라를 대신해 '재무대신'까지 겸임한다.

테라우치가 수상이 되면서 제2대 조선 총독의 자리에는 야마구치현 출신의 하세가와 요시미치(長谷川好道)가 취임했다. 이 당시 세계와 일본의 정세는 러시아 혁명과 시베리아 출병을 둘러싸고 숨 가쁘게 돌아가고 있었다. 그런데 테라우치의 건강에 문제가 생겼다. 1918년 1월 27일, 저녁 식사 후 갑자기 기침이 멈추지 않고 병이 났다고 일기를 통해 전하고 있다. 다음 날 아침 적십자 병원의 원장인 히라이 마사카쓰(平井政遒)의 진찰을 받았다. 맥박이 높아 170을 넘고 심장의 고동이 격해서 극심한 피로를 느꼈다고 한다. 요양할 곳이 필요하다고 판단하여 3월 4일에는 따뜻한 휴양지로 알려진 가나가와현(神奈川県) 오이소마치(大磯町)에 별장 부지를 구입하기로 결정했다. 몸이 약했던 부인도 이 무렵에 자주 몸져누워 있었기 때문에 두 사람 다 요양이 필요하다고 생각한 것이다.

그 와중에 테라우치는 3월 5일 출근을 했는데 오후에 관저로 미우라 고로(三浦梧楼)가 찾아와 시베리아 출병에 대해서 이야기를 나눴다고 한다. 영국, 프랑스, 이탈리아의 연합국 측에서 일본에 시베리아 출병을 요청해 왔기 때문이다. 다만 미국은 일본이 대륙 진출의 발판을 마련하게 되는 것을 우려해 출병을 반대했다. 시베리아 출병에 대해서 외무대신 모토노 이치로(本野一郎)는 찬성파였으나 테라우치는 신중했다. 적극적으로 출병해서 시베리아를 점령할 생각은 없었다고 전해진다. 최대한 리스크를 피하고자 하는 신중한 태도는 러일전쟁 개시 전과 똑같았다.

결국 출병 신중파인 테라우치와 출병 찬성파인 모토노와의 의

견이 좁혀지지 않자 병이 악화되었다는 이유를 들어 모토노가 갑자기 4월에 사임을 통보한다. 이때 공석이 된 외무대신 자리는 내무대신이었던 고토 신페이가 차지했는데 고토도 모토노와 같은 출병론을 주장했다. 또 한 명의 찬성파는 스기야마 시게마루였는데 그와 여러 차례 충돌을 하면서도 테라우치는 고개를 끄덕이지 않았다. 스기야마는 조선에서의 병합과 똑같이 시베리아를 보호국으로 두려는 구상을 가지고 있었는데 그러기 위해서는 시베리아 출병이 반드시 필요하다고 주장한 것이다.

이렇듯 스기야마의 출병론에 고토 신페이, 도야마 미쓰루(頭山滿) 등의 주장까지 보태져 3월 말에 정부의 방침이 세워졌다. 결국 테라우치는 러일전쟁 때와 마찬가지로 출병론자들에게 등 떠밀리는 모양새로 1918년 8월 2일 제1차 시베리아 출병을 선언했다. 이에 따라 8월 8일 제12사단의 부대가 모지항(門司港)과 우지나항(宇品港)을 통해 블라디보스토크로 향했다.

그런데 이 무렵부터 쌀값이 급등하기 시작한다. 쌀 수요는 많아지는데 농촌 인구의 유출로 생산량이 줄고 전쟁의 영향으로 쌀 수입이 감소한 것이 원인이 되었다. 이렇게 쌀값이 오르자 지주와 상인들이 쌀을 투기 수단으로 삼아 매점매석하는 일이 빈번했다. 이런 상황 속에서 시베리아 출병이 선언되자 전쟁특수 효과를 노린 유통 업자와 상인들의 매점매석은 더욱 심해졌다. 결국 전국의 369곳에서 쌀 소동이 일어났다. 참가자만 수백만 명, 출동한 진압 병력은 10만 명이 넘었다.

여론은 악화되었고 테라우치 내각의 퇴진을 요구하는 국민의 목소리가 높아져 갔다. 9월에는 후쿠오카현(福岡県)의 미쓰이 미이케(三井三池) 탄광에서 광부들이 폭동을 일으켜 구루메(久留米)의 보병 제48연대가 진압에 나서는 사태까지 발생한다. 그사이 테라우치의 건강 상태도 여론의 악화 못지않게 악화 일로를 달려 더는 내각을 지탱할 수 없는 지경에 이르렀다. 당시 테라우치를 만난 미우라 고로(三浦梧楼)는 "자네 병이 결코 가벼운 게 아닌 듯하네. 계속 우물쭈물하고 있다가는 목숨을 잃고 말 걸세"라고 경고했다고 한다. 이에 테라우치는 "알고 있네. 나도 그렇게 생각하고 있어. 이제 그만두려고 생각하고 있으니 아무에게도 절대 말하지 말게나"라고 대답했다고 전한다. 《観樹将軍回顧録(미우라 고로의 회고록)》

1918년 9월 8일 테라우치는 병으로 인한 사직 결의를 서면으로 마쓰카타 마사요시(松方正義)와 사이온지 긴모치(西園寺公望) 두 명에게 통고했다. 그리고 14일 오전에 궁내대신을 면회하고 오후에 황실을 찾아가 사직하고자 하는 뜻을 전했다. 이로써 테라우치 내각이 2년 만에 막을 내렸다. 이어 29일에 하라 다카시(原隆) 내각이 출범했다.

테라우치는 10월 7일 오후부터 가나가와현 오이소마치에서 요양 생활을 시작했다. 10월 10일 오후에 잠시 도쿄로 돌아와 대신들과 만남을 가졌으나 12일에는 다시 상태가 나빠져서 오전에는 줄곧 누워서 지내고 오후에 야마가타를 면회했다. 그리고 18일 오후에는 다시 오이소 마치로 돌아가 요양을 이어 갔다. 11월 14일 자 《요미우리》 신문에는 신장염 재발로 테라우치가 도쿄 아자부 고우가이 마치에 있는 집에서 요양하고 있는 근황이 보도되었는데 13일에 수상 관저에서 개최된 외교 모임에도 결석하고 방문객도 사절하고 있다고 전했다. 실제로 지팡이가 없으면 걸을 수 없을 정도로 건강이 나빠져 12월 26일부터는 완전히 오이소마치로 거처를 옮겨 요양 생활에 전념했다.

테라우치가 누워 있던 1919년 1월 21일, 조선의 덕수궁에서는 광무 황제 즉 고종이 66세의 나이로 붕어했다. 참고로 고종과 테라우치는 둘 다 1852년에 태어나 1919년에 함께 세상을 떠났다. 특히 조선에서는 고종의 사망 소식과 독살설이 유포되면서 민심을 자극했고 이는 한민족 최대 규모의 독립운동인 3·1운동으로 발전했다.

이해 10월 17일 적십자 병원 원장 히라이 마사카쓰가 왕진을 와서 테라우치의 상태를 보고 갔는데 19일에 다시 위독해졌다. 20일에 의식이 약간 돌아오는 듯했지만 위독 상태는 이어졌고 이 시기에 부인도 간병으로 인한 피로가 누적되고 지병이 악화된 탓에 위독한 상태로 누워 있었다. 21일 한고비를 넘겨 테라우치의 의식이 돌아왔다. 칸인노미야(閑院宮) 댁에서 어제(20일) 수박을 보내 주셨다고 하자 아이스크림으로 만들어 달라고 해서 얼음과 자로 만들어 주자 기뻐하며 3그릇이나 비웠다고 한다. 그러나 25일에는 다리에 부종이 생기고 정신이 몽롱해져서 31일 저녁부터는 기침이 멈추지 않아 잠을 잘 수 없었고 11월 1일이 되어도 조금도 나아지지 않아 히라이 원장이 달려와 주었다. 이날 테라우치의 남동생이 급성 폐렴으로 죽었다. 이를 알았을까? 11월 2일 테라우치의 심장 기능이 급격히 저하되고 맥박이 부정확해지며 혼수상태에 빠졌다. 그리고 11월 3일 숨을 멈추었다. 향년 67세였다. 이날 우연찮게도《요미우리》신문에는 '아카시 총독의 장례식'이라는 제목으로 대만에서 거행된 아카시 모토지로(明石元二郎)의 장례식 기사가 실렸다. 러일전쟁 후 테라우치의 오른팔이 되어 활약한 아카시도 테라우치와 때를 같이하여 숨을 거둔 것이다. 테라우치의 부인은 다음 해 6월 4일 57세의 나이로 남편의 뒤를 따랐다.

6장

선원전을 옮겨라

1

오쿠라의 자선당과 테라우치의 선원전

1868년의 메이지 유신으로 대일본 제국이 탄생했다. 그해 4월 5일 일본 제국은 신토(神道)와 불교를 분리한다는 목적으로 '신불분리령(神仏分離令)'을 발표했는데 이는 폐불훼석(廃仏毀釈) 운동 즉, 민중들에 의한 불교 사원과 불상, 불경 등의 파괴, 불교 행사 금지 등으로 이어졌다. 이에 1871년 일본 최초 문화재 보호법이라고 할 수 있는 '유물보존법(古器旧物保存方)'이 공표되어 각 지방 관청에서 품목과 소유자를 조사하여 정부에 보고하도록 했다. 다만 유물을 31종류로 분류하였으나 여기에 건축물은 포함되지 않았다. 이로 인한 문제를 해결하기 위해 1897년에 제정된 법이 '고사찰 보존법(古社寺保存法)'이다. 말 그대로 건축물이 최초로 법의 보호를 받는 대상이 된 것이다. 그러나 이 법의 이름에서도 알 수 있듯이 '고사찰'이 소유하는 건축물과 국보급 문화재만이 대상이 되었을 뿐 국유, 공유, 사유의 건축물에 대해서는 여전히 법적인 보호나 수리 조치를 취할 수 없는 상태였다. 그러다 1919년에 '사적 명승 천연기념물 보존법(史跡名勝天然紀念物保存法)'

이 제정되고 1920년대 이후로 성곽을 보호 지정하게 되었다. 이어 1929년에 '고사찰 보존법'을 대신하는 '국보 보존법(国宝保存法)'이 제정되어 보호 대상이 확대되고 보존을 위한 규제도 강화되었다.

이같이 일본에서 건축물 등의 '공간'에 대한 보호 개념이 생겨난 것은 1920년대 이후의 일이다. 그런데 조선에는 이보다 빠른 1916년 7월 4일, 테라우치가 초대 조선 총독으로 재임하던 당시 조선총독부령 제52호로 '고적 및 유물 보존 규칙'이 제정되었다.

그 내용을 보면 제1조에서 "패총, 석기, 골각기류를 포함하는 토지 및 선사 유적, 고분 및 도성, 궁전, 성책, 관문, 교통로, 역참, 봉수, 관부, 사찰, 도요 등의 유적지 및 전쟁터 그 외의 역사적인 사실과 관계있는 유적"을 '고적(古蹟)'으로 규정했다. 제5조에서는 "고적 및 유물 대장에 등록한 물건의 현 상태를 변경하거나 이를 이전 또는 수리 혹은 처분하고자 할 때 또는 그 보존에 영향을 미칠 법한 시설을 만들고자 할 때는 해당 물건의 소유자 또는 관리자는 다음 사항을 갖춘 뒤에 경찰 서장을 거쳐 사전에 조선 총독의 허가를 받아야만 한다"라고 명시했다. 이를 시작으로 일본과 마찬가지로 조선에서 역사적인 건축물이 법에 의해 본격적으로 보호를 받기 시작한 것은 1920년 중엽 이후다. 그러나 경복궁의 건축물은 1910년과 1914년에 실시한 공매로 인해 이미 대다수가 사라진 뒤였다.

1915년 공진회 전시회장을 설치하기 위해 궁전 건물을 공매로 철거했을 당시 오쿠라 기하치로(大倉喜八郎)가 자선당을 양도

받아 도쿄로 옮겼다는 이야기는 앞서 소개한 바 있다. 당시 자선당의 이건 공사는 일본 건축계에서 상당한 관심을 받으며 건축계를 대표하는 잡지 《건축 화보》(제7권 제10호, 1916)에도 사진과 함께 소개되었다. 해당 잡지에는 오쿠라 미술관의 책임자였던 다나베 히로시(田邊浩)의 인터뷰도 실려 있는데 그 내용은 다음과 같다.

> "지금이야 조선의 구 왕궁의 건물이 근정전과 경회루 두 군데를 제외하면 모조리 다 뜯겨 버렸지만, 역사적인 조선의 궁전이 영원히 미술 세계로부터 소멸되어 사라져 버리는 것을 유감스럽게 생각한 오쿠라 남작이 테라우치 총독과 고민한 끝에 지난 한 해 동안 포석 한 장, 기왓장 한 장까지도 원형 그대로 옮겨 와서 지어야겠다는 깊은 뜻을 가지고 이건 한 것이다."

이 글에 대해 사이토 다다시(斎藤理) 야마구치 현립대학 교수는 오쿠라가 궁전 건물의 문화적 가치를 인정하고 학술적으로 보존하려는 의도가 있었음도 의미 있는 부분이지만, 특별히 '테라우치도 이 인식을 공유했다'라고 밝힌 기록은 대단히 중요한 대목이라고 지적했다. 《文化接触による建造物の意味的変容過程について》(2022)

여기서 '오쿠라 기하치로'에 대해서 잠시 설명하자면 그는 일본 최대 재벌 가운데 하나로 알려진 오쿠라 재벌의 창립자다. 1837년 9월 24일 현재의 니가타현(新潟県) 시바타시(新発田市)에서

부농의 아들로 태어난 그는, 14세 때 집을 나와 도쿄로 상경해 건어물 가게에서 일을 배운 5년 뒤 독립해 처음 건어물 가게를 차렸다. 그러나 요코하마에서 일본을 위협하는 미국의 흑선 내항을 목격하고는 곧 시대의 변화를 깨달아 그 길로 가게 문을 닫고 총포상에 견습생으로 들어간다. 그리고 다음 해 바로 자신의 총포 가게를 개업한다.

오쿠라는 또, 메이지 신정부가 수립된 이후인 1872년엔 민간인 최초로 자비를 들여 해외 시찰에 나서기도 했다. 그렇게 1년 반에 거쳐 여러 나라를 둘러보며 지식과 견문을 넓히고 돌아온 뒤 일본인 최초로 무역 상사 '오쿠라 상회'를 도쿄의 긴자(銀座)에 설립했다. 1874년에는 런던에 해외 지사를 내고 2년 뒤에는 부산에 일본인 최초로 상점을 냈다. 특히, 청일전쟁에서 큰돈을 번 뒤 러일전쟁이 연이어 터지자 압록강 국경 지대의 용암포에 오쿠라 제재소를 설립했다. 그 뒤 신바시역 건설 공사에도 관여했으며 요코하마 수도 회사를 설립하고 해외 무역업도 시작했다. 타고난 사업가 오쿠라는 이후 서구 문물이 들어오기 시작하자 복장이 변할 것을 예견하고 양복점을 개업하는 등 새로운 사업을 폭넓게 개척해 나갔다. 1882년에는 오사카 방적 회사를 설립하고 일본 최초 전력 회사도 설립, 1887년에는 일본 토목 회사를 설립하는 등 일본 근대화 산업의 최전선에서 활약했다.

1893년 오쿠라는 일본 최초 사립 철도 회사를 시작으로 일본 국내외에 수많은 철도 회사 기업에 참가하고 투자했다. 특히 교육 기관 창설에도 적극적이었는데 1899년 한국에 선린 상업 학교(현재의 선린 인터넷 고등학교)를 세웠고 1907년에는 오사카 오쿠라 상업 학교를 설립했다. 1909년에는 일본 호텔 협회의 회장에 취임했고 1911년에 상업, 공원, 토목 부문을 경영하는 주식회사 '오쿠라 구미(大倉組)'를 설립했다. 이렇게 종횡무진 일본 근대화의 최선봉에 있던 오쿠라는 그 후 1928년 4월 22일 향년 90세, 대장암으로 사망했다.

이처럼 오쿠라 기하치로가 어떤 사람인지를 알면 경복궁 전각 철거 사업에 관여하고 자선당을 양도받았다는 오쿠라 구미 토목부가 얼마나 거대한 회사였는지 그 규모를 짐작해 볼 수 있다.

나는 이런 상상을 해 본다. 1914년 어느 여름날 조선총독부 관사로 들어가는 거북이 상을 한 작고 다부진 노인이 있다. 77세의 오쿠라 기하지로다. 오쿠라는 조선에도 투자를 아끼지 않는 거물이다. 재정난에 허덕이던 총독부로서는 참으로 귀한 손님이 아닐 수 없다. 테라우치 총독과 반갑게 인사를 나누고 현재 진행 중인 경복궁 공매와 내년에 개최 예정인 공진회의 전시회장 설치 등에 대해서 상의를 한다. 두 사람 모두 오랜 시간 방치되었던 탓에 낡고 허물어져 철거 대상이 되기는 하였으나 유서 깊은 조선의 궁궐 건물이 뜯겨 나가 영원히 사라져 버린다는 사실을 유감스럽게 생각했을 것이다. 특히나 테라우치는 경복궁에 매료되어 모든 이의 반대에도 불구하고 조선총독부를 경성에 설치했을 정도로 조선 문화재에 대한 애착이 남달랐다.

실제로 테라우치의 조선 사랑(? 때로는 집착)은 워낙에 유명했다. 서예를 즐겨 해서 원래 교토의 규쿄도(鳩居堂)에서 서예 도구를 구입해 왔으나 조선으로 간 뒤로는 이왕가 미술품 제작소에서 만든 도구만 사용했다. 또한 평소에 즐기는 술과 담배는 질이 좋은 것을 선택했었는데 조선에서 만든 것이 나오면 그 아무리 질이 좋지 않아도 기꺼이 조선 것을 선택했다고 한다. 이렇듯 그는 무엇이든지 조선인의 손으로 만든 것을 특히 즐겨 사용했다. 이런 테라우치의 조선 사랑에 대해서 익히 알고 있던 오쿠라 노인이 한 가지 제안을 한다.

"이것도 인연이라면 인연인데 이번 차에 우리가 한 채씩 맡아 총독은 고향집에 저는 제집에 옮겨다 놓고 영구히 보존해 보는 것이 어떻겠습니까?"

1910년에 경복궁과 창덕궁 내의 건물을 매각했을 당시 이미 한 채를 사들여 도쿄의 자택으로 그 목재를 옮겨 놓은 적이 있는 오쿠라로서는 자연스러운 발상이었을 것이다. 그러나 원리 원칙, 융통성 제로 특히, 대내외로부터 청렴결백하다는 소리를 듣던 테라우치 총독으로서는 상상도 못 해 본 일이었을 것이다. 미야노 그 허허벌판 시골집에 조선 궁궐 건물을 옮겨다 놓는다? 가슴 뛰는 일이다. 그러나 20년 가까이 비워 둔 건물들이다. 복원, 수리, 이건(移建)에는 어마어마한 비용이 든다. 그보다 조선 통감 시절부터 누구보다 앞장서 조선의 고유 문화재 지키기 정책을 펴 오고 있지 않은가. 테라우치 총독은 곰곰이 생각에 잠긴다. 선뜻 대답하지 못하고 있는 테라우치를 보고 오쿠라 노인은 한 번 더 권유해 본다.

"지금은 저리 흉한 꼴을 하고 있지만 저희 기술자들한테 맡겨 주시면 막 지었을 때 마냥 복원해서 살릴 수 있습니다."

"말씀은 감사합니다만 제 입장이…. 권력 남용이라고 손가락질 받지나 않을지….."

"아하… 듣고 보니 그도 그렇겠군요. 그렇다면 총독께로 보내는 건물에 대해서는 일절 비밀에 부치도록 하면 어떻겠습니까?"

과자 가게 앞에 선 아이마냥 눈만 껌뻑이는 테라우치 총독의 마음을 읽은 듯 오쿠라는 한마디 더 거든다.

"저를 믿고 맡겨 보시지요."

"그럼….."

테라우치는 못 이기는 척 오쿠라에게 맡기기로 하고 자리를 파한다. 단 내년에 예정된 공진회를 무사히 마친 뒤에 그 일에 착수해 주기를 부탁한다.

그날 이후로 테라우치 속에는 설레는 마음과 불편한 마음이 공존했을 것이다.

테라우치가 어떤 사람인가. 경성의 한 거상이 국보급 미술품을 소장하고 있다는 소문을 듣고는 그를 관저로 불러들여 국보급 미술품을 개인이 소장하는 것은 이치에 맞지 않다고 훈계하고 거액의 사비를 들여 본인이 그 미술품을 구입해 조선총독부 박물관에 기증한 일화를 남긴 사람 아닌가. 총독부 박물관 주임과 경성 제국 대학 교수를 역임한 후지타 료사쿠(藤田亮策)가 직접 들었다며 남긴 기록 중 일부로, 당시 경성에서 유명한 골동품 가게를 운영하던 노인의 이야기다. 이케우치(池內)라는 그 노인은 젊어서 철도 부설 기술자로 일을 했었는데 호남선 논산 부근에서 공사를 하던 중에 유명한 연산의 불상 세 개를 사들였다가 테라우치에게 불려 가 면전에서 사표를 써야 했다는 것이다. 어찌나 무섭던지 손이 바들바들 떨려서 글자도 제대로 쓸 수 없었다고 한다.(《친화(親和)》52호, 일한 친화회, 1958)

이런 성격이었으니 궁궐의 일부를 몰래 옮겨 간다는 것은 스스로 내면화한 자신의 모습, '나는 청렴하다, 나는 모든 국가의 재산을 사적으로 취하지 않는다, 나는 문화와 역사를 사랑하는 사람이다' 등을 스스로 배신하는 것은 물론, 평소의 소신과 철학에도 맞지 않는 일이었을 것이다. 반면, 어차피 뜯기고 철거되어 누군가 개인에게 팔리거나 총독부의 빠듯한 재정에 한 줌 도움이나 되고 버려질 텐데 그럴 바에야 자신의 고향집에 옮겨 놓고 잘 보존하는 것이 낫지 않을까 생각했을 수도 있다. 물론 문화재를 잘 보존하겠다는 표면의 목적에 더해 퇴임 후 노후의 위로와 큰 즐거움이 될 수도 있겠다는 내면의 이유도 있었을 것이다. 그러고 보니 77세의 오쿠라 노인과 마주 앉은 테라우치의 나이는 당시 막 환갑을 지나 62세였다.

2

이름 없는 조선관, 숨기려고 했던 테라우치

1915년 10월 31일 공진회가 성황리에 막을 내리자 테라우치는 어깨의 짐을 내려놓은 듯 한결 마음이 가벼워졌다. 이어 공진회가 끝나길 기다린 오쿠라가 약속대로 움직이기 시작했다. 먼저 전문가와 인부들이 섞여 선원전을 해체했다. 이어, 아마도 번거로움을 덜기 위해 이미 해체되어 보관 중이던 자선당과 함께 모든 목재와 부자재가 일본행 배에 옮겨진다. 그리고 부우웅~ 뱃고동이 울린다. 드디어 자선당과 선원전이 경복궁을 떠나 머나먼 타국 일본으로 향한다. 일본에 도착한 후 그 각각은 도쿄와 야마구치로 다시 옮겨진다.

1915년 겨울, 이건 공사가 시작되었다. 먼저 자선당의 공사가 시작되었을 것이다. 조선에서 포석 한 장, 기왓장 한 장까지도 꼼꼼하게 해체한 뒤 깨끗이 수선하고 깨지거나 못 쓰게 된 것을 포함해 여분까지 똑같은 기왓장을 만들어 일본으로 보낸 뒤 건물 내부의 나무나 대들보 등도 쓸 수 있는 건 최대한 보수 수리하고 같은 재료로 복원했을 것이다. 건물 외곽의 장식도 마찬가지로 수리를 했을 것이다. 사실 '이건'(移建)은 신축보다 훨씬 더 많은 돈과 기술이 필요한 일이다. 그렇게 자선당의 공사가 마무리되자마자 기술자들은 다시 도쿄에서 야마구치로 파견되었을 것이다. 자선당을 이건하면서 습득한 노하우로 선원전 이건 공사는 보다 순조롭게 단시간에 마칠 수 있었을 것이다.

한편 조선에서는 공진회 때 근정전 동쪽에 설립한 미술관을 공진회 종료 후 조선총독부 박물관으로 이름 지어 1915년 12월 1일부터 일반인에게 공개했다. 테라우치의 명령으로 세워진 조선 최초의 근대적인 박물관이었다. 이 박물관에 대한 테라우치의 애정은 대단했는데 박물관 설립 서류에는 규모, 진열품, 조직, 입장료에 이르기까지 크고 작음을 가리지 않고 모든 사항에 일일이 테라우치가 파란색 연필로 자신의 의견을 기입했다. 또, 부하의 반대로 받아들여지지는 않았지만 테라우치는 입장료를 무료로 할 것을 지시했다고도 한다.

한편 총독부 박물관 주임을 역임한 후지타 료사쿠(藤田亮策)의 증언에 의하면 유명한 '금동미륵보살반가상'을 비롯하여 우수한 고려청자, 불상, 그림, 서적 등 진열품의 대부분이 테라우치가 개인적으로 구입해서 기증한 것들이었다고 하는데(《조선 학보》 1951년 5월) 그 구입 금액이 실제로 모두 개인적 사비였는지는 알 수 없다. 또 당시, 가히 조선의 또 한 명의 '왕'의 지위를 가졌던 '조선 총독'이 어느 수준의 대금을 지불하고 각종 문화재를 '구입'했는지 역시 알 수 없는 것이다. 조선총독부 시절 초대 총독 그것도, 모두가 두려워 아무 말도 할 수 없던 무단통치 시대에 조선의 문화재를 모두 제값을 지불하고 '구입'했을까? 모를 일이다.

다만 테라우치에게는 미학적 취향도 있었던 것 같다. 예술품에 대한 남다른 관심도 그렇고 특별히 많은 것들이 훼손되었지만 경복궁의 경관을 자기 나름대로 살려 보려 노력한 점이 눈에 띄기 때문이다.

지난 2010년 일본에서는 '조선 식민지법'을 기초했다고 알려진 구라모토 유자부(倉富勇三郎) 당시 조선총독부 사법부 장관의 일기를 출판하기 위한 여러 자료 조사가 있었는데 그때 '경성 도시구상도'라는 것이 발견되었다. 비밀문서를 뜻하는 '비(秘)'라는 도장이 찍힌 이 자료는 당시 제작한 경성의 '도시 조감도'를 사진 촬영한 것이었다. 결국 출판은 잠시 미뤄지고 대신에 '교토 도시구상도 연구회'가 조직되어 조사에 착수한다. 그 결과 이것이 테라우치와 친분이 있던 독일인 건축가 게오르그 데 라란데가 조선총독부 촉탁으로 1912년에 제작한 것이라는 결론에 이른다.

이것을 통해 알 수 있듯이 테라우치는 경복궁 안에 조선총독부 건물을 만들면서 가능한 한 경복궁의 자연경관과 아취를 훼손하지 않는 방법을 고민했던 것 같다. 궁궐 속의 조선총독부. 궁궐을 품은 조선총독부. 궁궐 그 자체인 조선총독부. 테라우치는 진실로 자신이 조선의 '왕'이라는 의식을 가지고 있지 않았을까 생각하는 부분이 바로 이것 때문이기도 하다. 뒤에 말하겠지만 조선에 대한 그의 집착은 조금 기이할 정도로 강렬했으며 심지어 꽤 긴 시간 조선에서 체류할 생각도 가지고 있었던 것 같다.

그러나 이런 테라우치의 생각을 알 수 없는 당시 총독부 관료나 관계자들은 경복궁 보전에 대한 테라우치의 뜻을 매우 '순수한' 열정으로 봤을 수밖에 없다. 앞서 소개한 박물관 주임 후지타 로사쿠 역시 그중 한 명으로 테라우치 사후 그를 이렇게 평가했다.

> "조선 호텔을 설계한 독일인 기술자에 의해서 경복궁 궁전 보존 계획과 함께 그 동쪽에 커다란 박물관 건축 설계도가 완성되어 있었다. 그러나 역대 총독 중에는 이 테라우치 씨의 커다란 구상을 계승하는 인물이 한 명도 없고 결국에는 경복궁 정중앙에 거대한 총독부 청사를 세워서 12만 평이나 되는 경복궁의 동양적인 분위기가 물씬 나는 대정원과 오래된 건축물들이 엉망진창이 되어 버렸다. 이것이 총독부의 강압적인 정치의 기념탑으로 불리게 되어 버린 사실에 테라우치 씨도 지하에서 개탄스러워하고 있을 것이라고 생각한다." 《친화》 52호, 1958)

그런데 부하직원의 이 절절한 '흠모'의 마음을 배반하듯 도쿄의 오쿠라 저택에서는 자선당의 이건 공사가 막바지를 달리고 있었다. 물론 곧 이어질 선원전 이건도 슬슬 시동을 걸고 있었을 것이다. 그런데 이 시기가 흥미로운 것은 테라우치의 이중적 성격이 그대로 드러나는 부분이 있기 때문이다. 1916년 7월 4일 테라우치는 조선총독부령 제52호로 '고적 및 유물 보존 규칙'을 발표하고 7월 10일부터 시행에 들어갔다. 자선당과 선원전이 조선에서 실려 나간 직후 마치 기다리기라도 했다는 듯 '유출 금지법'을 내린 것이다. 이로써 자선당과 선원전은 조선총독부하 조선에서 일본으로 반출된 최후의 문화재 건축물이 되었다.

이렇게 선원전을 안전하게 옮기고 난 뒤 테라우치는 박물관 설립 및 유물 유적 보존에 대한 매우 엄격한 규칙을 정하고 이것을 대외에 공표하기도 했다. 다음은 앞서 언급한 후지타 료사쿠의 이어지는 기록으로 테라우치가 정한 세 가지 문화재 및 유물 유적 보존 방침이다.

첫째 고대 문화의 조사와 보존에는 내외 학자로 구성된 조사 위원회를 조직하여 학술적으로 신중을 기하여 조사하고 보존할 터인데 이에 관해서는 총독부가 통일된 계획을 가지고 실행한다.
둘째 조선의 모든 문화재는 조선 내에 보존하고 국외로 흩어 없어지는 것을 막고 이를 널리 학술과 사회 교육의 자료로 쓰며 조선인의 문화적 자각에 활용할 것. 이런 의미에서 박물관은 조사와 보존과 진열 업무를 겸할 것.
셋째 이 모든 결과를 내외의 학계에 보고하고 학술 연구의 자료로 삼음과 동시에 반도 통치의 문화면을 알리는 증거로 고적 조사 보고 및 고적 화보를 인쇄해서 분포할 것.

이렇게 방침을 정한 테라우치는 신의주와 부산 등지의 세관에서 문화재 반출 단속을 엄격하게 하도록 지시하기도 했는데 세관

직원들이 업무량이 너무 많다며 폐지해 주길 요청할 정도였다. 일례로 경남 합천 해인사에 보관되어 있던 고려의 '팔만대장경'을 정리하고 수리 복구하여 4부 인쇄한 뒤 궁내성 외 세 군데에 보관하고 널리 학계에 소개한 것도 테라우치였다. 이같이 고문화재 연구와 보존에 관해서는 테라우치 본인이 직접 발안하거나 명령한 것이 대부분이었다.

1916년 8월 30일 도쿄 아카사카(赤坂) 아이오쵸(葵町)의 오쿠라 저택 안에서는 자선당의 낙성식이 성대하게 치러졌다. 낙성식에는 테라우치도 참석했다. 경복궁 내에 있던 그 폐허 건물이라고는 믿어지지 않을 만큼 자선당의 자태는 아름다웠을 것이다. 그런데 오쿠라가 수리 복구하여 도쿄에 이건한 자선당 사진은 지금도 쉽게 찾아 볼 수 있지만 경복궁 내에 있던 당시의 자선당 사진 자료는 찾아 볼 수가 없다. 경복궁에 있던 당시 자선당의 상태는 어땠을까?

자선당의 낙성식에 참석한 테라우치는 곧 야마구치 자신의 고향집에도 이런 궁전 건물이 세워질 것이라 생각하니 가슴이 벅찼을 것이다. 낙성식에서 눈이 마주친 오쿠라와 테라우치는 두 사람만이 알 수 있는 눈인사를 주고받지 않았을까? 잠시 상상해 본다.

그러나 자선당의 낙성식이 있던 무렵 이미 오쿠마 내각은 심하게 흔들리고 있었고 1916년 10월 4일에는 후임으로 테라우치가 내정되었다는 소식이 들려왔다. "축하드립니다"라고 신문기자가 인사를 건네자 "뭐가 축하할 일이야" 하며 테라우치가 버럭 화를 냈다고 하는 기사가 실린 것이 10월 6일이었다. 곧이어 10월 9일 테라우치는 조선을 떠나 제19대 내각 총리대신에 취임했고 시대착오적인 파벌 내각이라며 언론으로부터 '비입헌(非立憲) 총리'라고 야유를 받았다. 테라우치는 그렇게 명예와 영광의 최정상이어야 할 수상의 자리에 우뚝 올라섰건만 여론도, 자신의 건강도 급격하게 나빠져만 갔다. 그와 함께 경복궁을 공원으로 만들겠다던 꿈도 저만치 사라져 버렸다. 그리고 성대한 낙성식도 파티도 없이 어느 사이엔가 조용히 야마구치의 시골 한 자락에 선원전이 그 모습을 드러냈다.

공사가 다 끝났다는 보고를 받은 뒤에도 테라우치는 곧장 보러 올 수조차 없었을 것이다. 다만 남몰래 한 번쯤은 조용히 와서 선원전 앞에 서 있지 않았을까? 아름다운 자태를 당당하게 드러내며 원래의 모습으로 재탄생된 선원전의 눈부신 모습을 넋을 놓고 바라보며 한동안 서 있지 않았을까? 다만 돌아서 나오는 테라우치는 긴 한숨을 내쉬었을 것 같다. 여위어서 부쩍 작아진 테라우치의 몸집만큼이나 마음속 여유도 사라졌을 것이니 말이다.

그래도 확실한 것은 단 한 가지, 자신의 내각과 자신을 그토록 물어뜯는 세상과 언론에게 더는 그 어떤 논란의 여지도 만들어서는 안 된다는 것. 그렇게 선원전의 존재는 더욱더 꽁꽁 숨겨야 하는 비밀이 되었을 것이다. 그리곤 기술자를 불러 특명을 내렸을 것이다.

'현판을 숨겨라. 이 건물이 선원전이라는 사실이 알려지지 않도록 현판을 숨겨라. 이 건물 속에, 사람들 눈에 띄지 않는 곳에, 소

중히 잘 감추어 놓아라.'

다음에 소개하는 사진은 1924년에 촬영된 테라우치 문고와 왼쪽 우거진 나무 뒤로 보이는 선원전의 사진인데 마치 테라우치의 그런 마음을 보여 주는 것 같다. 울타리 왼쪽 나무를 잘라 훤히 보이도록 할 법도 하건만 선원전은 나무와 콘크리트 건물에 가려 보일 듯 말 듯 그렇게 숨죽인 채 존재해야만 했다.

사진 31 《佐藤先生山陰旅行隨行記》

3

왜 선원전이었을까?

나는 여전히 궁금했다. 테라우치 총독은 왜 선원전을 가지고 왔을까? 왜 선원전이어야만 했을까? 이 궁금증을 풀기 위해 《원수 테라우치 백작전(元帥寺內伯爵伝)》에 수록된 테라우치 총독의 출생에 대한 기록을 따라가 봤다.

야마구치현에는 테라우치(寺內)라는 성을 가진 가문이 몇 군데 있다. 모두 무로마치 시대(1336-1568)부터 이어져 오는 오래된 가문이다. 전해 내려오는 말에 의하면 신라와 당나라가 연합군을 결성해 백제를 공격하여 660년경에 백제가 멸망하자 백제의 임성태자(琳聖太子)가 그의 일족을 데리고 일본으로 망명하여 야마구치에 머물며 여생을 보냈다 한다. 이때 임성태자를 따라온 사람들의 자손 중에 타타라(多多良)와 우노(宇野) 등의 지명을 성씨로 삼은 이가 있었다.

임성태자는 깊이 불법에 귀의하여 절을 건립하고 백제를 떠나올 때 소중히 지키며 가지고 온 '십일면관세음(十一面観世音)보살'을 안치하고 손수 '천수관세음(千手観世音)보살'을 만들어 아침 저녁으로 불경을 외웠다. 그 유물들이 지금도 전해져 오고 있는데 에라(江良)의 묘키인(妙喜院)과 하쓰세(初瀨)의 하세데라(長谷寺) 등에 있다. 당시 임성태자를 섬기며 절에 살던 부하의 자손이 테라우치(寺内, 절 안이라는 뜻)라는 성을 사용했다는 이야기가 전해지는데 역사에 기록된 것이 아니므로 사실인지 확인할 바는 없다. 다만 이 내용은 테라우치 마사타케 본인이 생전에 한동안 조사해서 알아낸 것이라고 한다.

임성태자 이후 200년이 더 지난 뒤 고코천황(光孝天皇)의 아들인 고레타다신노(是忠親王)의 셋째 아들 고가오(興我王)의 자손이 테라우치 가문의 먼 조상이라는 얘기가 이어진다. 고가오는 후지와라 유키타카(藤原行高)의 딸과 결혼하여 아들 넷을 두었다. 927년에 이 네 아들 모두 왕족에서 나와 '다이라(平)'라는 성을 사용했다. 그중 첫째 아들인 다이라 아쓰유키(平篤行)의 장남 가네모리(兼盛)가 도자와(戸澤)라는 곳으로 유배를 가게 되었는데 그 지명을 따서 '도자와(戸澤)'라는 성을 사용했다. 가네모리의 현손인 히라모리(衝盛)는 미나모토 요리토모(源賴朝)가 이끄는 군대에 소속되어 동북 지방에서 공을 세워 4천 초부(町歩) 땅을 받아 호족이 되었다.

그 뒤 히라모리의 10대 자손인 쓰네모리(経盛)가 테라우치(寺内)라는 마을에 살면서 테라우치(寺内)라는 성을 사용했다. 이 쓰네모리의 차남인 테라우치 마사모리(寺内政盛)는 오사카에서 오우치 요시히로(大内義弘)를 도와 미치요시(道義)의 군과 싸웠지만 전쟁에 패하자 모로나리신노(師成親王)를 모시고 오우치(大內)가 다스리던 야마구치로 도망쳤다. 이때 오우치 모리미(大內盛見) 영주가 마사모리의 충성심을 칭찬하여 조후쿠지(乗福寺)를 하사하여 그곳에 살도록 해 주었다.

그 뒤 세월이 흘러 마사모리의 자손이 오우치 요시타카(大內義隆)를 죽이고 야마구치 영토를 차지하여 지배했다. 이에 테라우치 마사모리의 6대 손자인 테라우치 시치로자에몬 타메모리(為盛)가 야마구치를 도망쳐 나와 히로시마의 영주인 모리 모토나리(毛利元就)의 수하로 들어갔다. 그 후 모리 테루모토(毛利輝元)의 시대가 되어 세키가하라(関ヶ原) 전쟁이 발생하자 서군편에 서서 동군과 싸우다 진 모리 일가는 뿔뿔이 흩어지게 된다. 그러자 도쿠가와 이에야스(德川家康)가 모리 테루모토의 히로시마 영토를 빼앗고 테루모토를 야마구치에 머물게 했다. 그리고 타메모리의 증손자인 테라우치 칸에몬 요시모리(寺内勘右衛門良盛)는 가장 낮은 신분에 봉해져 요시키군 미야노(吉敷郡宮野) 마을에 은둔하게 되었으며 그곳에서 천수를 다했다. 요시모리는 아들이 없었기 때문에 미조베 겐노조(溝部源之丞)의 아들을 양자로 들여 대를 이었는데 이가 테라우치 마사타케의 6대 조상인 테라우치 시치로자에몬(七郎左衛門)이다. 그런데 시치로자에몬에게도 아들이 없었다. 하는 수 없이 테라우치 가문은 요시토미 소스케(吉富荘助)의 아들 규자에몬(九左衛門)을 데릴사위로 들였다. 규자에몬에게는 아들이 세 명 있었는데 큰아들은 일찍 죽고 둘째 아들은 우타다 규자에몬(宇多田九左衛門)의 양자가 되고 셋째 아들은 칸에몬(勘右衛門) 집안의 양자로 들어가 그 집의 대를 이었다. 칸에몬(勘右衛門)에게는 외동딸이 있었는데 미조베 분시로(溝部文四郎)의 차남인 시치로에몬(七郎右衛門)을 데릴사위로 들였다. 이 시치로에몬에게는 1남 3녀가 있었다. 아들 칸에몬(勘右衛門)은 스기야마(杉山) 씨와 결혼하였으나 금세 파경을 맞고 오래 혼자 살다가 1859년 8월 29일 출근하는 길에 병이 나 객사했으니 향년 25세였다.

이 사람이 바로 테라우치 마사타케의 양부이다. 양부 칸에몬은 테라우치 마사타케의 생모의 남동생이었다. 다시 말해 테라우치 마사타케는 외삼촌의 집에 양자로 가게 된 것이다.

한편 테라우치의 생부, 생모의 가계를 보면, 우타다 규자에몬의 양자가 되었던 규자에몬의 둘째 아들 시치로자에몬(七郎左衛門)은 나중에 세베이(正兵衛)로 개명을 했고 그의 아들인 우타다 쇼스케(宇多田正輔)가 칸에몬의 누나 타케코(猛子)와 결혼하여(이들이 바로 테라우치 마사타케의 생부, 생모다) 아들 넷을 낳았다. 큰 아들은 고타(恒太), 둘째 아들은 요절했고 셋째 아들로 마사타케가 1852년 2월 5일에 태어난 것이다.

어릴 때 이름은 오래 살라는 뜻으로 목숨 수(壽) 자를 넣어 고토부키자부로(壽三郎)라고 했다. 넷째 아들 단(丹)은 나카시마(中島) 집에 양자로 들어갔다. 마사타케의 생부인 우타다 쇼스케는 1885년 11월 26일에 죽었는데 천성이 호탕하고 낙천가여서 아들에게도 늘 인자하게 대했으며 단 한 번도 화를 낸 적이 없었다고 한다. 마사타케의 생모인 타케코는 1910년 2월 22일에 죽었는데 근엄하고 품행이 단정했다. 내조도 잘하고 자식의 훈육도 훌륭하게 하여 이웃 주민들이 그녀를 만나면 옷차림을 반듯하게 하고 예를 갖출 정도로 높은 인품으로 존경받았다 한다. 테라우치 마사타케의 꼼꼼함과 성실함은 어머니의 영향일 수도 있다.

  마사타케의 생가는 요시키군 히라카와무라의 속칭 은둔 저택이라 불리는 곳에 있었다. 다다미 6장 넓이의 방 4개에 흙으로 만든 부엌이 딸린 작은 초가집이었다. 양부 테라우치 칸에몬이 1859년 8월 29일에 병사하고 대를 이를 아들이 없자 12월 5일 일가친척이 상의해서 7살 된 마사타케를 양자로 올리기로 했다. 그러나 테라우치 칸에몬이 죽은 뒤 아들을 잃고 홀로 남은 어머니를 생각해 마사타케의 생부와 생모는 장남 고타와 마사타케를 데리고 미야노의 테라우치 집으로 옮겨 와 살게 된다. 다시 말해 마사타케 입장에서는 죽은 외삼촌의 양자가 되어 외할머니 집으로 들어와 살게 된 것이다.

  이때부터 마사타케의 성은 우타다에서 테라우치가 된다. 테라우치 마사타케.

  조금 길지만 이상이 테라우치가 생전에 조사해서 알아냈다고 하는 자신의 계보다. 백제에서 야마구치로 망명한 임성태자를 섬기면서 절에 살던 부하가 자신의 조상이라는 것. 다시 말해서 테라우치는 자신의 뿌리가 백제 즉 조선에 있다고 생각한 것이다.

  그래서인지 초대 조선 총독 테라우치는 세키노 다타시 등에게 조선의 고건축물과 고분의 조사를 의뢰하고 출판사를 통해 소개

받은 도리이 류조(鳥居龍蔵, 1870-1953)에게 석기 시대의 유적 조사를 의뢰했다. 조선인 동화(同化)정책을 시행함에 있어서 조선인의 계통을 파악할 필요가 있다고 생각한 것 같다.

도리이는 1895년 요동반도 조사를 시작으로 대만, 조선반도, 구만주, 몽골, 동부시베리아, 남미 등 30차례 이상 해외에 나가 광범위한 조사를 실시한 일본 인류학의 선구자인데 당시로서는 귀했던 카메라를 일본에서 최초로 야외 조사에 휴대하여 자료 수집과 함께 방대한 기록 사진을 남겼다. 도리이는 특히, 1905년에서 1916년 사이에 예비 조사를 포함하여 총 8번에 걸쳐 조선을 조사하고 조선에도 석기시대가 있었음을 최초로 확인했다. 여기에 더해 조선의 석기시대 유물이 일본의 그것과 상당히 다른 양상을 띠고 있음을 확인한 것이다.

그런데 매번 철저하게 보고서를 제출했던 도리이답지 않게 유독 조선 조사에서만은 간략하게 정리해 낸 5차 조사를 제외한 상세 보고서를 끝내 제출하지 않아 미스터리로 남아 있다. 다만 조선총독부 학무과에서 도리이가 제출한 제1차 보고서를 분실한 사건이 있어 그것이 영향을 미쳤을 것으로 추정된다. 그리고 이것은 순전한 추론인데, 이 도리이의 제1차 보고서를 테라우치는 보지 않았을까 하는 것이다. 그 내용에서 무언가 밝히고 싶지 않은 것을 발견하고 도리이의 보고서를 분실 처리한 것이 아닐까 싶다.

이 모든 것들을 적절히 감추고 늘리고 종합해 테라우치는 《조선반도사(朝鮮半島史)》라는 이름으로 조선의 역사서를 새롭게 편찬했다. 이유는 단 하나, 내선일체, 조선과 일본은 하나다. 그 조선 통치의 동화(同化)정책을 원만하고 신속하게 수행하여 성공시키기 위해서였다.

다음은 1916년 9월 12일에 조선총독부에서 발행한 〈조선반도사 편성의 요지〉라는 글로, 테라우치가 《조선반도사》 편찬에 어떤 생각을 가지고 있는지 알 수 있는 대목이다.

첫째 일본인과 조선인이 동족(同族)이라는 사실을 명확하게 밝힐 것.
둘째 고대부터 이조 시절에 이르기까지 많은 영웅들의 흥망성쇠와 역대의 혁명으로 인해 일반 민중들은 점점 피폐해지고 빈곤에 빠진 사실을 기록하고 오늘에 이르러 천황의 은혜로 처음으로 인생의 행복을 영위할 수 있게 되었다는 사실을 상세히 서술할 것.
셋째 역사서의 편성은 모두 신뢰할 수 있는 사실에 기초를 둘 것.

말 그대로 일본인(日)과 조선인(鮮)이 같은 조상에서 나온 동족(同族)이라는 '일선동조론(日鮮同祖論)'을 기반으로 한 역사서까지 새로이 만들어 조선인을 교화시키고자 했던 것이다. 물론 이 일선동조론은 일제의 한국 침략과 통치를 정당화하는 대표적인 식민사관 중 하나다. 그런데 그 시작은 놀랍게도 테라우치 개인이 본인의 뿌리를 조선에서 찾았던 것에 기인한 것으로 보인다. 그것이 선원전에 의미를 부여하여 야마구치까지 가지고 오게 된 계기로 이어진 것은 아닐까?

이것이 단순한 나만의 추론이나 상상이 아닌 것은 테라우치의 많은 언행들에서도 확인되는데, 1915년 1월 23일 조선총독부 회의실에서 테라우치는 조선의 각도 내무부장이 모인 자리에서 다음과 같이 말했다고 한다.

"내가 조선말을 할 수 있었으면 좋겠다."

그로부터 두 달 뒤인 3월 1일, 테라우치는 회의실에서 불같이 화를 내며 이렇게 말한다.
"아직도 총독부에 조선말을 못 하는 관리가 있기 때문에 제대로 된 정치를 할 수 없는 것이다."

그러나 조선 내 일본인 관리들을 중심으로 조선어 장려 정책이 도입되어 제도화된 것은 테라우치가 죽은 뒤로 1919년 3·1운동 이후였다. 물론 그 이후 민족수탈 정책이 심화되면서는 오히려 조선인들에게조차 조선어 사용을 금지하는 지경에 이르지만 무단통치의 엄혹한 시절에 오히려 조선어를 장려했다는 것은 아이러니라면 아이러니다.

그나저나 이완용이 일본어를 못했다는 설이 한국 인터넷상에 유포되어 있으나 실제로는 조금만 찾아봐도 이완용이 유창한 일본어로 남긴 글을 어렵지 않게 읽어 볼 수 있다. 아래에 소개하는 글은 테라우치의 마지막 유언과도 같은 말을 이완용이 유려한 일본말로 써서 남긴 글을 번역한 것이다.

"1910년 백작이 조선 통감으로 취임하자마자 순식간에 병사 한 명 움직이지 않고 동양 평화의 기초 토대를 쌓아 올렸다는 사실은 세상 사람들이 다 아는 사실이다. 한일병합 후 무엇보다 긴급을 요하는 임무는 안전과 질서 유지였다. 이를 위해서 백작은 먼저 경찰 기관을 통일했다. 백작은 조선인을 지도하여 일본인과 동등한 지위에 앉히기를 목표로 하였으나 조선인의 수준이 너무나도 낮아 백작의 기대에 미치지 못했다. 그러나 장자는 어린아이를 사랑한다는 옛말처럼 백작은 한결같이 자비로운 마음으로 7년의 세월을 조선에서 보냈고 그 덕분에 조선 산하 초목에 이르기까지 모든 것이 새로워졌다. 그리도 자비로운 백작이었건만 조선인은 그의 엄격한 모습만을 볼 뿐 그의 진정한 마음은 헤아리지 못했다. 윗사람의 마음이 아래까지 닿지 않은 점이 유감스러울 뿐이다. 백작이 내각 총리대신이 되신 후 나는 아자부 고우가이초(麻布笲町)에 있는 저택을 찾아가 백작을 만난 일이 있다. 그때 백작은 나에게 이렇게 말했다. '나도 점점 기력이 쇠해져 간다네. 언젠가 정계를 떠나게 된다면 조선에 가서 내 노후를 보내고 싶어.'

이렇듯 백작은 단 한 순간도 조선을 잊은 적이 없었다. 그 뒤 백작은 병이 나 요양 생활을 했는데 조선에서 시끄러운 폭동(3·1운동)이 생긴 뒤로는 한층 더 걱정을 많이 하셨다. 이 때문에 병이 더 깊어졌다고 한다." 〈테라우치 백작과 조선〉《원수 테라우치 백작전(元帥寺内伯爵伝)》

테라우치는 그의 노후를 조선에서 보내고 싶어 했다. 그렇다. 테라우치 총독이 진정으로 꿈꾼 것은 바로 '조선'이었던 것이다. 그런데 그 '조선'은 어떤 조선인가? 자신의 뿌리라 생각한 백제의 조선. 그러나 이제는 명명백백히 '형님의 나라'가 된 일본을 따라 배우는 '아우의 나라' 조선. 그렇게 온전히 '일선동조'의 뿌리로 내선일체를 확립한 조선. 그리고 가장 중요한 한 가지. 모두가 그렇게 구별 없이 어화둥둥 어울려 백제 출신인 자신의 뿌리가 드러나도 아무 걱정 없이 '안전한' 아니, 드러나지 않아도 그 어떤 심적 부대낌 없이 맘껏 하나의 나라가 된 그 조선. 그런 조선을 꿈꿨던 것은 아닐까 싶다. 그리고 자신은 그 조선의 새로운 '왕'인 것이다. 그가 다른 무엇도 아닌 선원전을 가지고 나온 것도 바로 여기에 이유가 있을 것이다. 선원전이 어떤 곳인가. 선원(璿源). '왕실의 유구한 뿌리.'

  자신의 뿌리를 찾아 올라가며 스스로 조선에 뿌리를 두고 있다고 생각한 테라우치가 그 '뿌리'를 드러내고 싶기도 하고, 감추고 싶기도 한 그 복잡미묘한 이중심리를 담아내는 궁궐로 선원전만 한 것도 없었을 것이다.

4

기록 속의 선원전

테라우치는 경복궁 내 많은 전각 중에 '선원전'을 선택했다. 오랜 시간 방치되어 황폐해졌고 건물 앞에는 텃밭까지 만들어져 위엄이라고는 찾아 볼 수도 없지만 선원전이 어떤 곳인가. '아름다운 옥의 뿌리', 역대 왕들의 어진(초상화)을 모시고 제사를 지내던 조선 왕조의 근간이 아닌가.

다음의《조선 고적 도보(朝鮮古蹟図譜)》를 보자. 1930년 발간된 이 자료(10권)에는 조선총독부 초기 경복궁 배치도와 선원전의 사진이 실려 있다.

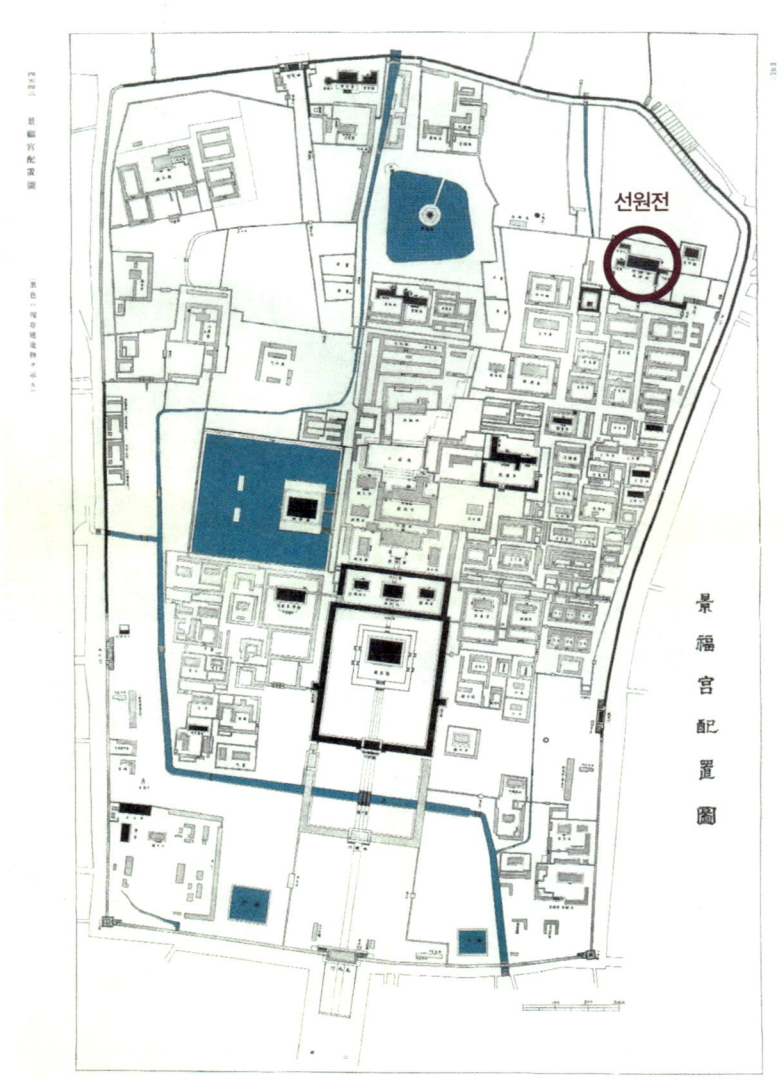

사진 32 경복궁 배치도 《朝鮮古蹟図譜》 10권

사진 33 선원전《朝鮮古蹟図譜》10권

사진으로 남아 있는 이 선원전이 야마구치로 이건(移建)된 선원전일 가능성이 크다. 추녀마루 위에 나란히 앉은 잡상(雜像) 세 개도 야마구치의 조선관의 것과 같은 형상으로 보인다. 이 책은 1930년에 출판되었으나 책의 서문을 통해 알 수 있듯이 1930년 이전 조선총독부 초기 경복궁 외 조선 궁궐의 모습을 담아낸 것이다. 서문을 잠시 보자.

"이 책은 경성에 있는 경복궁 창덕궁 창경궁 경희궁 이 네 왕궁에 속한 건축물을 선택하여 수록한 것이다. 오늘날에는 사라져 버렸거나 다른 곳으로 이건(移建)되었거나 또는 종래의 구조 형식을 변경한 것도 있으나 그 이전의 사진을 수집하여 수록함으로써 조선 시대의 궁전 건축의 진상을 전하고자 한다. 옛날 자료의 선정과 편찬은 세키노(関野) 조사원과 오가와(小川) 기술자가 담당하였고 현재의 건축물 사진은 사와(澤) 촉탁이 담당했다. 이전 건물의 사진은 주로 세키노 조사원과 타니이(谷井) 조사원이 옛날에 촬영한 것을 사용했다. 또한 건축물 내외 장식의 문양을 모사한 것은 고바(小場) 조사원이 담당하였다."《朝鮮古蹟図譜》10권)

이 서문을 근거로 추정해 본다면《조선 고적 도보(朝鮮古蹟図譜)》에 실린 선원전의 사진은 1902년에 세키노가 촬영한 것일 가능성이 크다. 세키노가 누구인가. 앞서 밝혔듯이 일본 메이지 정부가 도쿄제국대학교 공과대학에 '명(命)'하여 조선 전국의 국보급 중요 문화재와 건축물을 조사해 오도록 지시하고 그것을 수행한 공과대학 조교수가 세키노 다다시(関野貞) 박사다.

당시 세키노는 고조선, 삼한, 신라, 고려, 조선 각 시대의 고적, 왕궁, 사원, 왕릉, 서원, 유물 등을 모두 조사해 현지에서 촬영한 사진을 중심으로 도면 363장, 본문 252페이지에 달하는 방대한 보고서를 비공개 활자 인쇄로 만들어 일본 정부에 제출했다. 이때가 바로 1905년 8월이다. 당시 제출된 이 보고서는 한동안 비공개 상태이다가 1988년 6월 드디어 일본에서《한국의 건축과 예술(韓国の建築と芸術)》이라는 제목으로 출간되었다. 일본 학자들이 모두 '전설의 보고서'라 부르던 그 자료가 무려 80여 년이 지나 일반에 공개된 것이다.

바로 그 세키노, 자신의 발로 조선의 구석구석을 걸으며 사진을 찍어 방대한 자료를 남긴 그 세키노가 직접 찍은 1902년 당시 선원전의 모습이 위 사진인 것이다.

그렇다면 이 사진이 촬영된 시기로부터 약 15년이 지난 뒤 이 사진 속 건물은 야마구치로 이건되었을 가능성이 크다. 이 사진을 박성진은 〈일제 강점기 조선 왕조 궁궐 건축의 이건과 변용〉(한국 예술 종합 학교 미술원, 2007)이라는 논문에서 '조선총독부 관사로 사용될 당시의 선원전'이라고 소개했다. 그러나 사진이 실린 《조선 고적 도보》에는 그런 설명이 없다. 선원전 건물이 총독부 관사로 사용되었다는 기록은 어디에도 없다. 실제로 총독부 관사로 사용된 곳은 이 건물이 아니라 선원전 남쪽 일대의 부근이다. 미야자키 료코의 책(《未完の聖地》 2020) 129페이지에 총독부 관사 영역이 지도로 표시되어 있다.

사진 34 《未完の聖地》

또 1915년 9월 11일부터 10월 31일까지 경복궁에서는 시정 5년 기념 조선 물산 공진회가 개최되었는데 개최 첫날 경성일보에는 손으로 그린 다음과 같은 공진회의 평면도가 게재되었다.

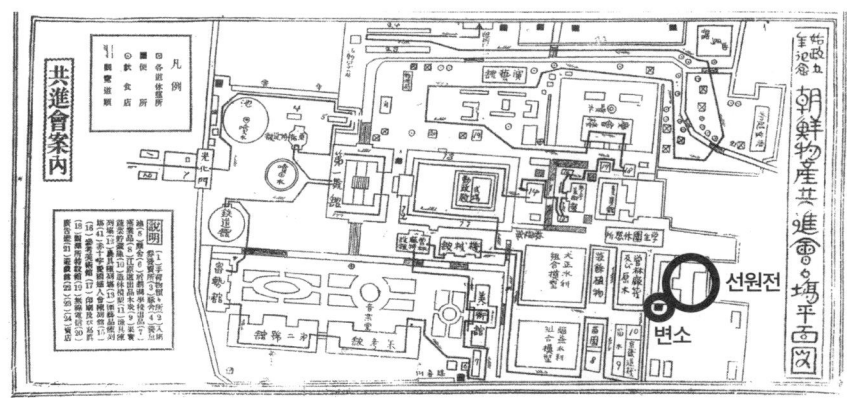

사진 35 《경성일보》 1915년 9월 11일

　선원전으로 들어가는 남쪽에 검은색 사각형 표시(변소)가 있다. 이렇듯 변소만 하나 설치했을 뿐 선원전 일대는 사람들의 이목을 끌 만한 시설을 하나도 설치하지 않고 그대로 두었던 것으로 보인다.

5

65년 만에 찾은 이름, 경복궁 선원전

야마구치에서 선원전을 만난 다음 해 봄, 내가 연구하는 구루시마 다케히코의 기념관 건립이 해당 지자체의 의회를 통과했고 나는 기념관 준비를 총괄하게 되었다. 개인적으로는 구루시마 다케히코 평전을 출판하기 위해 원고 집필도 시작했다. 대학교 시간강사도 다 그만둬야 할 정도로 눈코 뜰 새 없이 바쁜 나날이 이어졌고 야마구치의 선원전 현판의 존재도 우선순위에서 멀어져 갔다. 사실 2016년부터 매년 구루시마나 교육 관련으로 강연까지 하고 있었으니 몸을 한 다섯 개쯤으로 나누고 싶을 만큼 바빴다. 그렇게 시간이 흘렀다.

신종 코로나(COVID19) 팬데믹이 끝나고 해외여행은 다시 일상이 되었다. 2023년 일본을 방문한 외국인 입국자 수는 2,583만 789명인데 그중에서 가장 많은 나라가 한국으로 약 681만 명의 한국 사람이 일본을 찾았다. 이렇게도 많은 한국 사람이 일본을 거닐고 있는데 그 일본 속에는 40년 넘게 '조선관'으로 불렸던 선원전처럼, 60년 넘게 창고에 매달려 있었던 선원전의 현판처럼,

우리가 찾아 주기를 기다리는 것들이 있다. 그리고 우리는 손가락 한 번의 클릭으로 모든 정보를 찾아내는 AI 시대를 살고 있기도 하다.

그러나 나는 AI가 결코 대신할 수 없는 것 중의 하나가 '우연'이라고 생각한다. 행동하는 자만이 맞닥뜨릴 수 있는 우연, 그 우연으로 인해 생겨나는 만남, 그 만남으로 인해 펼쳐지는 이야기, 그것들이 모여 드디어 만드는 하나의 필연.

우연이었으나 결국 필연이었을 것이라 생각되는 선원전과의 만남, 그 마지막 이야기다.

2023년 11월. 아침부터 핸드폰 벨이 요동을 쳤다.

"모시모시~"

오래 알고 지내던 골동품 가게 주인 나가세 씨가 다급한 목소리로 아침을 흔들었다.

"12월 후쿠오카 경매에 조선 경복궁의 현판이 나온답니다."

선원전이다! 직감적으로 알 수 있었다. 순간 급하게 오르는 심박수. 온몸에 소름이 돋을 정도로 세포 하나하나가 무섭게 뛰기 시작했다. 나는 숨을 고르며 그에게 말했다.

"그 현판에 어떤 글자가 쓰여 있는지 알 수 있을까요? 아니, 아니. 사진을 한 장만, 딱 한 장만 어떻게 구할 수 없을까요?"

거의 빌다시피 했던 것 같다. 그날 아침 나는 핸드폰을 사이에 두고 그에게 몇 번이나 절을 하며 부탁을 하고 또 부탁을 했다.

11월이 낙엽 지듯 후두둑 지나가고 12월이 되었다. 드디어 그에게 연락이 왔다. 경매 전에 미리 만들어 배포하는 인쇄물에 경복궁의 그 현판이 실려 있다는 것이다. 맞았다, 틀림없는 선원전의 현판이었다. 나는 다시 그에게 업자들만 들어갈 수 있는 그 경매에 나를 꼭 데려가 달라 부탁을 하고 경매 날을 손꼽아 기다렸다.

12월 26일 오전 9시 30분.

후쿠오카 경매가 시작되었다. 그리고 선원전 현판은, 보이지 않았다.

어디에도 선.원.전이라고 쓰인 그 커다란 현판이 보이지 않았다. 나와 나란히 앉아 어리둥절해하며 고개를 갸우뚱거리던 나가세 씨가 이리저리 전화를 걸고 경매 주최 측과 한참을 구석진 곳에서 이야기를 나눈 뒤 자리로 돌아와 넌지시 말해 주었다.

"가져갔답니다."

한국의 문화재청에서 어떻게 알았는지 경매 며칠 전에 다섯 명의 직원들이 찾아와 환수해 갔다는 것이다. 덕분에 경매 시장에는 아예 나오지도 않게 되었다는 것.

아, 털썩. 그래 바닥에 털썩 주저앉는 심정. 무릎의 힘이 풀렸다. 온몸의 세포가 드디어 평화와 안심으로 질주하는 그 털썩. 지난 몇 년간의 애면글면 속이 타고 온몸이 불타던 그 갈증과 애달픔이 한순간 모두 평화롭게 가라앉는 느낌이었다. 동시에 가슴 가득 벅찬 무언가가 차올랐다. 이렇게 신속하게 우리의 문화재를 찾아 환수해 간 한국의 국력이 자랑스러웠다.

내 나라로 갔다는 것이다. 우리의 역사가, 우리가 빼앗긴 역사의 한 자락이 다시 내 나라로 돌아갔다는 것이다. 그러고 보니 경매 날 아침, 현장의 분위기가 왜 그렇게 숭숭하고 쉬쉬거리며 무언가를 말하듯 말하지 않는 듯한 분위기였는지 그제야 알 것 같았다.

그나저나 문화재청 직원들은 이 모든 사실을 얼마나 알고 있을까? 새삼 또 다른 걱정과 안타까움에 입술이 바짝 마른다. 그래, 알리자. 알려야 한다. 한국의 모든 사람에게 알려야겠다, 우리의 '옥의 뿌리'인 선원전이 어디서 어떻게 뜯기고 숨겨지고 사라졌는지 알려야겠다. 다시 한 걸음을 디뎌야겠다. 타오르는 각오와 바빠지는 마음에 나는 하나하나 그동안의 모든 걸음을 기록하기 시작했다.

참고문헌(参考文献)

桜圃寺内文庫所蔵寺内正毅関係資料(山口県立大学 소장)

防長尚武館 소장 寺内正毅関係資料

『朝鮮彙報』 조선총독부, 1915.

『井口省吾日記』第5巻, 井口省吾日記刊行会, 1918.

小松緑『朝鮮併合之裏面』中外新論社, 1920.

黒田甲四郎(編)『元帥寺内伯爵伝』元帥寺内伯爵伝記編纂所, 1920.

金子常光画『山口市鳥瞰図絵』日本名所図絵社, 1931.

『京城府史 第二巻』京城府, 1936.

山内利之(編)『後藤新平伯と満州歴史調査部』南満州鉄道株式会社鉄道総局弘報課, 1939.

森銑三(編)『明治人物逸話辞典 下巻』東京堂出版, 1965.

『桜圃寺内文庫の研究』国守進, 1976.

山本四郎(編)『京都女子大学研究叢刊5 寺内正毅日記 1900~1918』京都女子大学, 1980.

『韓国の建築と芸術—覆刻 韓国建築調査報告—』月刊 建築文化, 韓国の建築と芸術刊行会, 1988.

孫禎睦『韓国都市変化過程研究』耕文社, 2000.

宮嶋博史, 李成市, 尹海東, 林志弦『植民地近代の視座 朝鮮と日本』岩波書店, 2004.

孫禎睦『日本統治下 朝鮮都市計画史研究』柏書房株式会社, 2004.

宮崎涼子, 徐東帝, 西垣安比古, 水野直樹『「京都都市構想図」に関する研究』『日本建築学会計画系論文集』78권 687호, 2013.

伊藤幸司『寺内正毅ゆかりの図書館 桜圃寺内文庫の研究—文庫解題·資料目録·朝鮮古文書解題—』勉誠出版, 2013.

鳥居瀧蔵『ある老学徒の手記』岩波書店, 2013.

吉廣さやか「学習院大学史料館所蔵 朝鮮関連螺鈿漆器三点とその時代—寺内正毅の螺鈿細工奨励から朝鮮之螺鈿社、学習院教材まで—」『学習院大学史料館紀要』20권 22호, 2014.

徐東帝, 西垣安比古「デ・ラランデの京城都市構想図と景福宮敷地平面図に関する研究」『日本建築学会計画系論文集』79권 699호, 2014.

宮崎涼子, 徐東帝, 西垣安比古, 水野直樹「『京都都市構想図』における景福宮域の再編計画案の立案時期とその特徴」『日本建築学会計画系論文集』80권 707호, 2015.

松田利彦「1910年代における朝鮮総督府の国境警備政策」『人文学報』제106호, 京都大学人文科学研究所, 2015.

伊藤幸司, 永島広紀, 日比野利信(編)『寺内正毅と帝国日本』勉誠出版, 2015.

堀雅昭『寺内正毅と近代陸軍』弦書房, 2019.

寺内正毅関係文書研究会『寺内正毅関係文書1』東京大学出版会, 2019.

渡辺滋「景福宮(朝鮮)継照殿の日本移建とその後—附:指図による朝鮮館(寺内文庫)の復元」『山口県立大学基盤教育紀要』創刊号, 2021.

박성진, 우동선『일제강점기 경희궁 전각의 훼철과 변화』대한건축학회 학술발표대회 논문집 제26권 제1호(통권 제50집), 2006.

류주현『조선총독부』(1, 2, 3), 나남, 2014.

송인호, 김제정, 최아신『일제강점기 박람회의 개최와 경복궁의 위상변동 — 1915년 조선물산공진회와 1929년 조선박람회를 중심으로』서울시립대학교, 서울학 연구, 2014.

임석재『예(禮)로 지은 경복궁』인물과 사상사, 2015.

이형식『조슈파 데라우치 마사타케(寺内正毅)와 조선 통치』역사와 담론 제91집, 2017.